LAURA ASHLEY

EL GRAN LIBRO DEL

color

LAURA ASHLEY

EL GRAN LIBRO DEL

color

CÓMO USAR EL COLOR

PARA DECORAR SU HOGAR

SUSAN BERRY

Fotografías de David Brittain

EDITORIAL EVEREST, S. A.

Madrid • León • Barcelona • Sevilla • Granada • Valencia
Zaragoza • Las Palmas de Gran Canaria • La Coruña
Palma de Mallorca • Alicante • México • Lisboa

Título original: *The colour book*
Traducción: Marisa Rodríguez

Editor del proyecto: Jane Struthers
Diseño: Christine Wood
Fotografías: David Brittain
Estilismo: Jacky Boase
Documentación gráfica: Emily Hedges
Páginas 74–75, 96–97, 104–105, 156–157, 166–167 y 196–197
creadas por Alison Wormleighton

© Textos: Laura Ashley, 1995
© Fotografías: David Brittain, 1995
(excepto las indicadas en la página 206)
© 1995 by Ebury Press Random House,
20 Vauxhall Bridge Road, London SW1V 2SA y
© EDITORIAL EVEREST, S. A.
Carretera León - La Coruña, Km. 5 - LEÓN
ISBN: 84-241-2961-X
Depósito legal: LE: 897-1996
Printed in Spain - Impreso en España

EDITORIAL EVERGRÁFICAS, S. L.
Carretera León - La Coruña, Km. 5
LEÓN (España)

NOTA: A lo largo de toda la traducción se ha optado por conservar en
inglés los nombres de las telas, colecciones y de algunos colores,
debido a que es así como el lector los encontrará en los muestrarios y
catálogos de la casa Laura Ashley.

Contenidos

Introducción

En 1984, Laura Ashley decoró este dormitorio estilo Luis XVI, sito en un castillo francés, para introducir en su colección el nuevo azul martín pescador. La tela se denomina Antoinette *y el diseño está basado en un estampado francés en seda del siglo XVIII.*

En cierta medida, el uso del color ha experimentado un giro completo desde el éxito inicial de Laura Ashley en decoración del hogar a fines de los años 70. La imagen que la mayoría evoca al pensar en la decoración tradicional de Laura Ashley es la de un dormitorio romántico decorado con pequeños estampados florales. Se trataba de estampados utilizados de forma similar al *toile de Jouy* de los franceses (estampado azul sobre fondo blanco para las paredes y estampado blanco sobre fondo azul para las cortinas) que dieron a Laura Ashley su estilo distintivo. Era una decoración básicamente monocroma, muy popular en los años 70, y de nuevo en boga en los 90.

Del mismo modo que el movimiento *Arts and Crafts* del siglo XIX se había inclinado hacia los colores naturales en lugar de los sintéticos, la paleta original de Laura Ashley reflejaba la naturalidad del campo y el uso de tintes naturales. La colección incluía marrones como roble, colores terrosos, terracota y crema, marino y borgoña, colores apagados de tono medio como humo y ciruela, y verde oscuro y blanco para un toque más masculino. Estos colores armonizaban bien con los tonos cálidos del pino lijado, azulejos de terracota, la simplicidad de las camas de bronce sobre suelos desnudos, alfombras de retales y un sentimiento nostálgico por una vida idealizada en el campo anterior a la llegada de la época moderna.

Los colores estaban diseñados de forma aislada, aunque había algunos grupos tonales naturales, como los marrones con terracota, y humo con ciruela. No había reglas, sobre todo respecto a qué colores se acomodaban a qué habitaciones, de modo que un marino era tan aceptable en un dormitorio como un ciruela o un rosa. Se introducirían otras tonalidades y una paleta de colores brillantes reflejaría las tendencias decorativas contemporáneas. Rojo amapola, verde manzana, amarillo mostaza y azul porcelana eran sencillos y luminosos para su uso en cocinas, cuartos de baño, o habitaciones infantiles.

A principios de los 80, aparecieron los suaves colores pastel, como el rosa pálido, azul zafiro y melocotón, que gozaron de gran popularidad durante la década. Los estampados estaban diseñados para incluir más colores, y la paleta se hizo mucho más sofisticada. Las combinaciones de color eran importantes en la creación de estilos diferentes; un punto crucial era variar el tono de verde utilizado en las hojas de los estampados florales para acomodarla al color principal. Rosa y zafiro se unieron al verde musgo, humo y ciruela al salvia oscura, y el aguamarina pálido se combinó con un albaricoque.

En un principio, la decoración era sencilla, pero al llegar la segunda mitad de los años 80, la habitación de *chintz* había introducido numerosos colores al reflejar las telas los rincones herbáceos de los jardines de las casas de campo. El romántico caserón rústico se había convertido en la no menos romántica casa de campo. Los pasteles desarrollaron muchas variedades de matices y tonos. Marinos, borgoñas y verdes oscuros sustituyeron al marrón en el extremo oscuro del espectro de color, pero ahora eran usados con un fondo arena, en lugar de blanco, consiguiendo un estilo más sofisticado y tradicional inspirado en las bibliotecas de las casas de campo.

A fines de la década de los 80, se puso de moda el amarillo prímula. Tras la popularidad de los colores pastel, se hacía necesario algo más brillante, pero no primario, y el prímula era perfecto. Dos diseños muy populares de Laura Ashley fueron el papel *Lyme Regis* en prímula y el *chintz Alba Roses*, que es un ramo de flores espaciado sobre un fondo blanco, en una escala mayor que la de muchos de los diseños anteriores. A estos seguirían otros muchos diseños en prímula, entre los que destaca *Sweet Pea*, que combinaba varios tonos de prímula y azul zafiro en un estampado floral llamativo y alegre de gran popularidad.

Muchos colores han surgido con propósitos específicos: un rojo más cálido, un azul más claro, un verde brezo más amarillo que el jade verdeazulado, y diferentes tonos de blanco para diferentes fondos de telas y papeles pintados. Además, se han creado colores para colecciones individuales, como el jade, carmesí y marfil para la Colección *Chinoiserie*, y el azul medianoche y oro para un tema basado en diseños venecianos y renacentistas.

En épocas más recientes, el gran dilema del diseño ha sido el color frente a la ausencia del mismo. El *taupe*, introducido en los años 80 como color de fondo en algunos estampados florales multicolores, pasó a ser la base de toda una gama de tonalidades neutras que gozaron de gran aceptación a principios de los años 90. Junto a éstos ha surgido el estilo floral desgastado, donde todos los tonos de colores diferentes se han igualado para dar el efecto de haber sido aclarados por el sol. Esto aporta un inmediato aspecto hogareño a cualquier esquema decorativo. Como contraste, son evidentes los colores ricos y brillantes de los climas cálidos desde India hasta el sur de Francia: azul batista y rosa yeso, ocres y bermejos, rosas oscuros y azules profundos.

En general, las ideas del público sobre decoración se han hecho mucho más aventureras y sabias desde la aparición de Laura Ashley en el mercado, al tiempo que el color ha pasado a ser el elemento más importante en el diseño doméstico de los años 90. Este libro le ayudará a comprender mejor el color, a apreciar las sutilezas de matices concretos y a aumentar sus habilidades decorativas en una gran variedad de formas.

ARRIBA *Este estampado en prímula llamado* Paeony, *salió al mercado en 1992. El prímula es un popular color decorativo.*

ABAJO *Esta cocina muestra el estampado* Kitchen Garden *en rosa yeso, un color de los 90.*

vivir con el color

Resulta sorprendente cómo muchas personas, bastante confiadas y seguras sobre lo que les gusta, pierden toda la confianza cuando intentan mezclar y combinar colores. En lugar de dejarse llevar por su instinto y optar por lo que les atrae, se vuelven indecisas e inquietas. En realidad, no existen reglas en lo referente al color y es mejor olvidar todos esos dichos aprendidos en las faldas de la abuela, como que «azul y verde se muerden» o que «naranja y rojo saltan a los ojos». Tan importantes como el color son otros aspectos como la forma, textura, la cantidad de color utilizada, y la cantidad y tipo de luz que recibe la habitación.

Cuando hablamos de decoración interior, la misma escala bajo la que se observa el color puede ser muy confusa. Lo que parece aceptable en una muestra de pintura del tamaño de una brocha puede resultar muy dominante o insípido cuando ocupe toda la superficie de la pared. De igual modo, los colores que no coordinan en pequeñas cantidades, pueden armonizar a la perfección a cierta distancia en una habitación espaciosa. Utilizar una tela estampada que contenga dos colores que desee emplear puede ser una buena forma de unificar el esquema decorativo si no está seguro del efecto que crearían por sí solos.

Si está acostumbrado a combinar prendas de color en su vestuario, donde las cantidades de color y tela son relativamente pequeñas, le agradará saber que ésto facilita su labor como decorador de interiores. En una habitación, no es tan importante combinar el tono exacto de un color, mientras que debe tener en cuenta el efecto del distanciamiento. Al entrar en una habitación, no examinamos un cojín a una distancia de 60 cm, como haríamos en una tienda. Percibimos, o no, el efecto a unos 3 metros; además, el objeto estará rodeado de otros colores, superficies y texturas, que armonizarán o contrastarán con el objeto en cuestión.

Ésta es la razón de por qué las colecciones coordinadas, como las producidas por Laura Ashley, pueden ser tan útiles. Proporcionan el esquema de color sobre el que basar la habitación. Sería posible emplear una tela de cortina concreta, escogiendo la pintura y el papel pintado en diseños complementarios, y después elegir uno o dos de los colores principales del resto de la habitación. Sin embargo, es importante hacer un uso comedido de las gamas coordinadas, dejando espacio para añadir su propia personalidad y mantener el elemento decorativo que lo hace tan divertido: la individualidad.

Para lograr esto con éxito, es necesario identificar los colores clave de la gama y encontrar, después, colores que combinen o uno que aporte un contraste claro. Es muy importante asegurarse de no añadir más de un color al esquema o, por el contrario, el resultado puede ser poco coherente.

Los principios del color

Es la naturaleza ilusoria del color la que causa tantos problemas al colorista o decorador potencial, ya que los colores no son estáticos: nuestra percepción de ellos varía de tal forma que el efecto difiere según las circunstancias en las que los vemos. Los colores también se afectan entre ellos, de modo que al combinarlos podemos modificar el modo en que los percibimos. Por ejemplo, el amarillo prímula en solitario parecerá un amarillo simple y fresco. Si colocamos una zona de negro a su lado, parecerá más severo y si colocamos una zona de rojo junto a él, más cálido.

Como puede ver, esto supone una enorme diferencia para los esquemas decorativos. Otra consideración importante es la luz. La luz varía según la superficie que ilumine; cuando la luz choca contra una superficie negra, es absorbida en su mayor parte y cuando ésta choca contra una superficie blanca, es reflejada en su mayoría. Una superficie opaca coloreada absorbe unas frecuencias del espectro y refleja otras.

El color es luz percibida por la retina del ojo humano, mientras que la luz es una serie de longitudes de onda. En condiciones de penumbra, lo que vemos carece de color. Con niveles de luz más elevados, estas ondas se doblan o refractan en cantidades variables en nuestros ojos para producir lo que conocemos como espectro de color. La manifestación más visible del espectro es el arco iris, donde el orden de los colores es siempre el mismo: rojo, naranja, amarillo, verde, azul y violeta. Así, el violeta y el rojo se encuentran en extremos opuestos del espectro y los colores intermedios son meras desviaciones.

Este esquema monocromático en marino y oro clásicos utiliza un estampado atrevido de un modo comedido y elegante para crear un esquema sofisticado a la par que sobrio. Las ventanas ricamente engalanadas con galerías en guirnalda a cuadros marino y arena, constituyen el punto focal. Las sillas están tapizadas en crema y clásicas rayas anchas de marino y blanco. Los toques de oro brillante de los marcos y alzapaños aportan vitalidad al esquema decorativo.

13

Los diferentes tipos y colores de luz poseen términos específicos:

- *Matiz* es el término utilizado para diferenciar los colores puros.
- *Luminosidad* indica la variación de claro a oscuro.
- *Intensidad* indica la variación de un matiz puro a uno mezclado con luz u oscuridad (blanco o negro).
- *Aclarados* describe la variación desde un matiz puro hasta blanco.
- *Oscurecidos* indica la variación desde un matiz puro hasta negro.
- *Tono* es la variación desde un matiz puro hasta gris.
- *Saturación* es el término utilizado para describir el grado de luminosidad de un matiz.

La psicología del color

Del mismo modo que percibimos el color de manera física, también respondemos psicológicamente a él. En otras palabras, los colores crean cambios de humor, más o menos universales, en el espectador. Por lo general, el amarillo eleva el espíritu y transmite un sentimiento de alegría; el negro apaga el espíritu, así como el marrón y el morado. El rojo provoca una reacción fuerte –algunos lo encuentran vigorizante, otros abrumador– pero sea como fuere no es un color relajante, como lo es el verde; el verde calma. El azul induce a la reflexión y a la tranquilidad. El blanco parece puro, pero no es del todo relajante. Los tonos entre estos colores variarán en su efecto e impacto dependiendo de cuánto contengan de los otros colores.

En determinadas situaciones, los diseñadores profesionales han empleado la psicología del color de forma deliberada, tanto en decoración interior como en los envases. El rojo es el color del peligro y la emergencia, razón por la que la señal de la Cruz Roja es roja sobre un fondo blanco. Al mismo tiempo, el rojo es el color del fuego y la pasión, motivo por el que el Día de San Valentín se envían tantas rosas rojas.

Los colores poseen connotaciones simbólicas además de significado psicológico, aunque el simbolismo varía según el país. En Occidente, el blanco es el color de la pureza y por ello es la elección tradicional para las bodas. En Latinoamérica, el morado es el color de la muerte. En los países musulmanes, el verde es un color sagrado. Algunos colores también se perciben como masculinos o femeninos. Por lo general, los colores oscuros y severos, como verdes oscuros, rojos y marinos, son masculinos, mientras que los pasteles y tonalidades pálidas, como verdes manzana, rosas y azules harinosos, son considerados femeninos. Sin embargo, la combinación de ambos con un color de contraste diferente, como el marrón tabaco con rosa o rosa fucsia con verde oscuro, o el uso de un estampado geométrico masculino con los rosas y un estampado floral con los verdes oscuros, puede modificar de forma sutil las connotaciones psicológicas habituales.

La fotografía muestra los impresionantes colores del otoño, con las hojas escarlatas del árbol desbordando vida aún en su ocaso. La naturaleza a menudo nos brinda inspiración para esquemas cromáticos sorprendentes.

Equilibrio de color

En general, los esquemas de mayor éxito tienen una paleta limitada a dos o tres colores principales, quizá con toques aleatorios de otros colores. Si se desea variar el ambiente, un esquema decorativo tonal puede ser muy efectivo: podemos emplear varios tonos de un color, añadiendo blanco o negro, pero sin cambiar el matiz básico, es decir, sin añadir otro color diferente. Esta técnica es especialmente idónea para una paleta muy limitada, tal vez con un solo color, ya que rompe la monotonía y aporta textura y profundidad al esquema global. Muchos prestigiosos diseñadores de interiores lo han utilizado y resulta muy efectivo para destacar los detalles arquitectónicos.

A la hora de emplear más de un color, es importante considerar el equilibrio. ¿Cuánto de un color se desea utilizar, y hasta qué punto dominará sobre los otros colores? Como regla general, cuanto más brillante sea el color, menor será la cantidad que se debiera utilizar, ya que tenderá a dominar sobre los tonos más apagados que lo acompañen. Si, por ejemplo, su esquema contiene principalmente el color que los georgianos llamaban *drab* (un caqui sucio que coordina muy bien con gran número de tonos) combinado con pequeñas cantidades de azul cobalto vivo, el resultado será un esquema distinguido. Por el contrario, si optara por grandes cantidades de azul cobalto vivo con toques de *drab*, el resultado sería bastante diferente. Esto se debe a que son las proporciones las que cuentan al mezclar los colores, no sólo los colores empleados. Las cantidades son, por tanto, extremadamente importantes en el delicado asunto de la combinación cromática. El tema resulta difícil de calibrar hasta que vemos un esquema armonioso traspuesto a su imagen negativa. Resulta entonces evidente por qué uno funciona y el otro no.

Cómo mezclar colores

Las compañías como Laura Ashley introducen cada año nuevos colores y diseños en sus colecciones. Sus diseñadores poseen experiencia profesional en la combinación de color y estampado, y usted puede aprovechar esta ventaja para elegir sus colores y estampados precombinados. Si lo desea, puede decorar su hogar cada vez que vea un nuevo diseño textil de su agrado pero, si lo prefiere, puede mezclar usted mismo de forma gradual diferentes colores, estampados y telas hasta crear una imagen más personalizada. El propósito de este capítulo es ayudarle a hacerlo, desvelándole los principios utilizados por los decoradores de interiores a la hora de mezclar color, de forma que le faciliten una base sobre la que planear y diseñar su propio esquema.

Combinar varios colores y estampados en un esquema decorativo no es nada nuevo: los victorianos lo convirtieron en un arte en sus esquemas de color conocidos como policromías. Sin embargo, requiere más disciplina y mejor ojo que un esquema cromático de uno, o quizá dos, colores. Para los menos decididos, un esquema de color limitado es, a buen seguro, un punto de partida válido para un diseño simple.

Los efectos multicolores resultan más efectivos cuando se basan en un plan inherente. En primer lugar, es necesario decidir qué colores combinarán. Pero, ¿cómo hacer esta elección inicial y elemental? La inspiración para colores y esquemas de color se encuentra en los lugares más inesperados. El secreto radica en tomar nota de los objetos que nos rodean, tanto en nuestra propia casa como en el paisaje, y decidir qué colores nos inspiran o encienden nuestra imaginación. Existen montones de tonalidades y las diferencias entre ellas pueden ser de lo más sutil. En ocasiones, la naturaleza nos proporciona la mejor fuente de inspiración, desde flores y frutas hasta campos y paisajes, pero también hay fuentes hechas por el hombre, muchas de las cuales están asociadas con el diseño y la decoración, desde arquitectura, artes decorativas, muebles, cerámica, envases y tendencias del mundo de la moda, hasta los mismos tejidos estampados que utilizamos en la decoración interior.

Resulta de gran utilidad tener un cuaderno donde anotar los artículos o colores de interés. Quizá descubra tener una predilección concreta hacia una determinada gama de colores, o hacia los tonos claros u oscuros, que le ayude a definir su propio gusto. Los collages (ver páginas 27–37) ilustran el espectro de colores a su disposición. Se han realizado con una variedad de artículos, tanto textiles como pinturas y fuentes naturales, para demostrar cómo la textura y el estampado pueden afectar al color.

En épocas pasadas, se nos recomendaba no mezclar estampados (y, en consecuencia, colores), debido a los contrastes que ello provocaba. La combinación de estampados está hoy más en boga, y la variedad de estampados disponibles ha facilitado esta tarea,

Los colores primarios –azul, rojo y amarillo– exigen un tratamiento atrevido. Aquí, el contraste entre los azules, rojos y amarillos completamente saturados contribuye a asegurar que los colores funcionen bien juntos, sin que ninguno domine. El uso del morado para los cojines tiende un puente entre el rojo y el azul (el morado está compuesto de rojo y azul), mientras que las grandes superficies de color liso desvían la atención a las texturas de la habitación: sedas brillantes, paredes enlustradas, cortinas translúcidas y rafia en el suelo.

aunque aún requiere una preparación concienzuda. Hay, sin embargo, una serie de principios básicos que pueden asegurar el éxito y que aquí describimos.

El mejor método es elegir una serie de colores que estén de algún modo equilibrados (por ejemplo, una intensidad similar de matiz) y que normalmente excluyen al blanco, a no ser que se vayan a mezclar colores neutros. Utilizado con colores más fuertes o más vivos, el blanco tiende a ser divisorio y puede crear un efecto chocante y chillón nada deseable al tratar con varias combinaciones de color. No obstante, el blanco y los crudos, sobre todo empleados para techos, pueden iluminar una habitación y hacer los colores más vivos. El uso, o exclusión, del blanco en un esquema decorativo dependerá del efecto que se persiga y, probablemente, de la cantidad de luz natural de la habitación.

Las elecciones acertadas para una paleta de color mixta incluyen: burdeos, verde bosque, marino clásico y oro; azul verónica, *taupe* y crema; y rosa yeso pálido, verde aceituna, azul batista y ocre. Mezclar más de cuatro colores supone un cierto riesgo. Otras dos consideraciones son las cantidades de color utilizadas y las proporciones de la habitación. Evite emplear cantidades iguales de cada color; en su lugar, centre la atención en dos colores como tema principal y use el tercero de forma secundaria como contraste.

Como ocurre con la pintura, el propósito es asegurar que ningún color utilizado sea empleado de forma aislada sino que forma parte esencial del esquema global. Si ha usado

ocre para las paredes, asegúrese de que reaparezca de nuevo en el estampado de fondo, por ejemplo, en los cojines. Un rosa polvoriento utilizado para el friso y el techo podría repetirse en una tela estampada que incluya ocre, rosa y uno de los otros colores, tal vez el azul. Las rayas simples en azul y rosa podrían emplearse para una silla; la misma tela en ocre y verde podría aparecer en otra silla que tenga una forma similar.

Las rayas Regencia son una elección popular para comedores. Aquí se las ha dado un nuevo aire en terracota y crema en lugar de la combinación más habitual de bermellón y blanco, y se las ha utilizado para los estores en vez de para las paredes. El efecto es más sutil y comedido, aunque conserva una fuerte tradición clásica. Los colores conforman un excelente contraste para la pintura al óleo situada sobre la chimenea.

Los esquemas neutros pueden funcionar a la perfección con muebles antiguos y escenarios clásicos. Con frecuencia, se evita el papel pintado en los esquemas neutros, pero aquí resulta brillante en un diseño monocromático. La chimenea en crema envejecido es el complemento perfecto para las exquisitas pinturas y el mobiliario antiguo.

Asegurarse de que exista una conexión de forma y/o color es uno de los secretos para evitar la ausencia de coherencia en un esquema. En otras palabras, al emplear colores mezclados el propósito es repetir las formas de, por ejemplo, los complementos textiles con el fin de mantener la continuidad. Otra opción, para una paleta de color simple, es introducir diferentes contornos y formas de mobiliario, añadiendo así mayor interés visual. Otro secreto es el uso de maderas y telas similares; es mejor no utilizar varios tipos de madera, o una gama de tejidos y texturas de tela. Opte por los algodones sencillos, o tal vez sedas y terciopelos opulentos. Mezclar colores y tipos de tela puede llevar a un choque de ideas molesto. Reserve los contrastes de materiales para los esquemas más uniformes: modificar la textura en un esquema neutro, por ejemplo, es la clave para darle vida.

Las superficies pintadas suponen la posibilidad de experimentar con combinaciones de diferentes tonos y colores: podemos emplear estarcidos, sellos de goma o bloques de madera para crear una amplia gama de estampados con variaciones sutiles o distintivas dentro de la misma tonalidad, y sin usar blanco como contraste. Una vez más, escoger un color de un estarcido multicolor (compuesto tal vez de *taupe*, oliva azul y arena) para la pintura (en oliva) permitiría emplear más de un color, siempre de manera discreta.

Podría utilizar estos colores concretos en varias combinaciones estampadas suaves de rayas, cuadros y flores, siempre que mantenga valores tonales similares. El esquema no funcionará si emplea varios tonos del mismo color. En consecuencia, al usar tres o más colores se hace tremendamente importante mantener los valores tonales similares. Cuando utilice un color puede aumentar el interés empleando tres o más tonos.

Intente mezclar muchos colores pálidos, como verde manzana, azul zafiro, amarillo pálido y rosa harinoso. Añada entonces una gran cantidad de blanco para mantener el esquema claro antes de añadir un toque de rosa profundo o turquesa. Como alternativa, podría emplear abundantes tonos claros, como crema pálido, amarillo pálido y blanco, para las paredes y los muebles, y después añadir un color de contraste oscuro como azul marino o verde bosque. Podría intentar un esquema decorativo invertido, con una habitación azul oscuro y tapizado borgoña y verde, y añadir toques de oro y crema. Otra posibilidad sería mezclar superficies de colores vivos para un efecto chillón, o mezclar tonos de colores oscuros. Las opciones son infinitas. En las páginas 44–49 se muestran algunos ejemplos de los diferentes efectos creados en un esquema decorativo utilizando tonos más claros y más oscuros. Decidir qué colores mezclar es una cuestión muy personal y cada uno tiene sus favoritos.

Cinco clásicos Laura Ashley

A lo largo de los últimos veinte años, ciertos colores habituales en los diseños de pintura, papel pintado y telas de Laura Ashey se han convertido en clásicos de la paleta de la compañía. En estas dos páginas mostramos cinco de los colores más populares, con breves descripciones de su origen y algunos de los diseños en los que aparecen. Cada color corresponde a uno de los capítulos cromáticos de este libro. Hablaremos del *taupe*, prímula, musgo, zafiro y rosa, además de ilustrarlos con un pequeño panel que muestra el color. Estos colores también aparecen ilustrados en los collages de las páginas 28–37.

Taupe

El *taupe* es uno de los colores neutros de la paleta de Laura Ashley. Se trata de un marrón pálido, creado como color de fondo para los estampados frutales como el *chintz Blueberry*, y ampliado recientemente a una gama de cuadros, rayas y lisos para adecuarse al estilo contemporáneo. *Taupe* es la palabra francesa para topo, lo que refleja la influencia del estilo francés en la colección. Usado en solitario, el *taupe* necesita de otros neutros y texturas para avivarlo y crear un efecto sofisticado. En estampados florales, el *taupe* puede combinarse con pasteles pálidos, como la tela de cortina y tapicería *Melrose*.

A finales de los años 80, la introducción del prímula en la colección Laura Ashley para el hogar cubrió la necesidad de un nuevo color decorativo. El prímula aporta un aire contemporáneo a los diseños textiles más tradicionales y puede emplearse para lograr un efecto limpio, claro y alegre tanto en casas antiguas como en nuevas. El papel pintado *Lyme Regis* en prímula y el *chintz Alba Rose* gozaron de gran popularidad. El *chintz* era un llamativo ramo de flores espaciado sobre un fondo blanco, ejemplo de un estampado tradicional actualizado gracias al color. El amarillo prímula también se utilizó en la gama de papel pintado y telas *Sweet Pea*, que posee el atractivo de un jardín en época estival.

Prímula

En los últimos años, la variedad de verdes de la colección ha aumentado de forma considerable. En un principio había cuatro verdes principales: verde oscuro, salvia, musgo y manzana. De éstos, el musgo era el tono utilizado con mayor frecuencia, tanto en combinaciones con otros colores como por sí solo. En los estampados monocromos *Sweet Alyssum* y *Wild Clematis*, el musgo se empleó con blanco para crear un aspecto de gran frescura. Se trata de un auténtico verde medio, un verde limpio, ni demasiado amarillento ni demasiado oscuro, perfecto para habitaciones como las galerías, que acercan la naturaleza al interior.

Musgo

Éste es un color muy distintivo de Laura Ashley, difícil de encontrar en las paletas cromáticas de otras colecciones. Es lo más cercano a un azul romántico. El zafiro es un azul pálido con un toque de lila, que puede parecer suave y sedoso mezclado con blanco. Laura Ashley en persona decoró un dormitorio de su casa de Francia con un estampado en zafiro y blanco, similar a un *toile de Jouy*, con mobiliario pintado de blanco. Los tonos más oscuros de zafiro y blanco pueden lograr un aspecto fresco, crespo y limpio. El zafiro combina muy bien con colores como rosa y prímula, y se adapta a una gran variedad de climas, aportando calidez a lugares fríos y viveza a los más cálidos.

Zafiro

El rosa es un color clásico de Laura Ashley: un rosa azulado suave que crea una estancia afable y romántica. La misma Laura Ashley escogió el tono para acompañar los estampados rosas victorianos sin dar un efecto demasiado dulce o sintético y para combinar con otros colores de la colección. Durante muchos años el rosa rosa fue el color más vendido de Laura Ashley y fue el ingrediente de muchas colecciones de telas y papel pintado que incluían sencillos estampados estarcidos como *Cottage Sprig*.

Rosa

Cómo mezclar estampados

PAGINA SIGUIENTE *Éste es un estudio singular. Su ventana adintelada de doble altura ha recibido un tratamiento sorprendentemente suave y afable en tonos rosa pastel, paja y verde manzana. La imagen demuestra que la mezcla de estampados puede ayudar a crear una sensación de vitalidad, siempre que reduzcamos la paleta de color. Estas telas Laura Ashley se inspiraron en los diseños* Omega Workshop *de los artistas de Bloomsbury, Vanessa Bell y Duncan Grant, presentes en su hogar de Charleston, en East Sussex.*

Es bastante difícil mezclar con acierto colores poco comunes, aunque algunas personas lo hacen de forma natural sin saber por qué. El secreto de una combinación exitosa reside en equilibrar los elementos de matiz, tono y aclarado para lograr el efecto deseado. En otras palabras, no es tanto una cuestión de si el azul va con el verde, o si el morado va con el amarillo, como de si el tono de azul va con el de verde, el tono de morado con el de amarillo, y qué cantidad de cada uno estamos utilizando en el esquema global.

Si se desea, es posible mezclar todo tipo de estampados suponiendo que se siguen unas reglas básicas similares a las de proporción señaladas en la página 15. Si planea combinar estampados, debería escoger aquellos que tengan formas básicas de tamaño similar. En otras palabras, mezcle un estampado floral de ramitas con una guinga, o coloque un estampado de grandes rosas con atrevidas rayas anchas. El impacto se perderá si combina una florecilla victoriana con rayas grandes, ya que las últimas dominarían las primeras. Por otro lado, un pequeño cuadro tonal iría a la perfección con un alegre diseño floral. Situar superficies de color lisas en algún punto de un esquema de colores mixtos ayudará a unificar el esquema y evitará que parezca poco coherente.

La mezcla de varios tipos de estampados –cuadros y rayas, por ejemplo– puede lograr resultados excelentes, aunque probablemente descubrirá que lo mejor es mantener el mismo color base en las telas, de forma que haya un vínculo consistente entre ellas. La combinación de estampados ha cobrado popularidad en los últimos años. La idea puede aplicarse de muchas maneras, como confeccionar cojines de dos o tres telas diferentes (en una versión simplificada de *patchwork*), o tal vez forrar unas cortinas con una tela estampada en lugar de una lisa, o con la misma tela en otro color.

No hay nada más admirable que las habitaciones donde los contenidos se han ido añadiendo con cariño y cuidado a lo largo del tiempo en lugar de adquirirse en un solo día de compras. Esto último puede parecer elegante a primera vista, pero también tiende a ser impersonal. Algunos de los decoradores de principios de siglo se esforzaron por crear un ambiente natural, «no nuevo» en las casas recién estrenadas de sus clientes. Nancy Lancaster, de Colefax & Fowler, solía sumergir la cretona nueva en té para eliminar el brillo y dar a la tela ese aspecto gastado y hogareño que es el estandarte del estilo rústico inglés. En épocas más recientes, ha habido una tendencia a reciclar y renovar muebles y telas existentes. Puede reutilizar telas convirtiéndolas en forros y ribetes, por ejemplo, o en cojines. Al crear un efecto multiestampado, resulta mucho más fácil incorporar estos elementos reciclados: coderas en un sofá o butaca procedentes de las antiguas fundas, cenefas en galerías y cortinas, sencillos cojines estilo *patchwork* o taburetes forrados con trozos de cortinas viejas.

Yuxtaposiciones de color

El amarillo es uno de los colores más alegres, además de uno de los más versátiles. Se ha utilizado en este salón de Sydney en un esquema sofisticado con elegante escayola blanca que realza el aspecto afable y soleado de la habitación. Las líneas limpias de las sillas de hierro forjado y el tapizado blanco y negro de las butacas y la alfombra aportan un fuerte contraste visual frente a las paredes lisas.

Otro elemento importante en la combinación de colores es su disposición para lograr el mayor impacto. Puede jugar con las armonías cromáticas (colores que se complementan) o con los contrastes (de gran efecto si son opuestos en el círculo cromático), e incluso puede emplear ambas siempre que se haga con mucho cuidado.

Resulta muy útil imaginar la habitación como el lienzo de un artista. La estancia desnuda es el lienzo. Algunos pintores comienzan con un lienzo blanco, mientras que otros prefieren oscurecerlo. Empleando el primer esquema, utilizará la luminosidad natural del lienzo como punto de partida, y esto sería comparable a una habitación con las paredes pintadas de blanco o pastel. Con el lienzo oscurecido, se comienza con un matiz predominante más oscuro, al que añadirá colores más claros o más oscuros. En cualquier caso, como en toda expresión pictórica, se establecen primero las zonas de color grandes, lo cual es un tratamiento igualmente sensato para decorar una habitación. Así pues, elija primero los colores del techo, paredes y suelo. Tal vez la habitación tenga poca luz natural y desee aumentarla, en cuyo caso sería recomendable utilizar un color pálido para las paredes y el suelo. Del mismo modo, quizá desee convertir la falta de luz natural en una virtud decorativa, para lo que mantendrá el esquema deliberadamente oscuro. Sea como fuere, las paredes y suelos proporcionarán el telón de fondo. Una vez decididos estos dos elementos, es hora de considerar los siguientes artículos: posiblemente una cama o sofá o, si las ventanas son grandes, las cortinas. Decida también en qué punto desea centrar el punto focal, ya que toda superficie grande de un color fuerte atraerá la atención. Si decide cubrir el sofá de carmesí, por ejemplo, y no hay nada más en la habitación tan grande o tan colorido, todas las miradas se desviarán hacia el sofá. Si no desea que esto ocurra, la solución es emplear colores igualmente fuertes en zonas de tamaño similar: tal vez las cortinas o una alfombra.

El estampado cambia el modo en que se percibe un color en la distancia. Un estampado rojo y blanco visto a cierta distancia no parece tan predominantemente rojo, sino que parecerá más bien rosáceo. Al añadir otros toques de rojo, como un cojín rojo sobre una silla en cuadros rojos y blancos, concentramos la atención en lo rojizo del estampado rojo y blanco. Unos cojines blancos lograrán que el estampado parezca más pálido y claro.

Los contrastes de color también pueden emplearse para debilitar o reforzar colores: dos colores de contraste igualmente fuertes se anularán más o menos entre sí. Cuatro colores fuertes causarán menos impacto que uno solo más blanco, por ejemplo, o un color de la gama menos saturado.

Al igual que los contrastes de color, el tono también juega un papel importante en las decisiones decorativas. Los matices más oscuros o más claros del mismo matiz de color pueden crear una impresión muy diferente. Existen numerosas maneras de añadir interés al esquema, desde cambiar el tono de un solo color en las paredes (ver páginas 100–1) hasta alterar el enfoque de la habitación utilizando colores más claros en un extremo y más oscuros en el otro, como si se tratara de las imágenes positiva y negativa de una fotografía.

No podemos jugar con el color sin considerar la forma, ya que el color y la luz atraerán la atención hacia ella. Tal como se explica en el capítulo de Neutros y Naturales, en ausencia de color, la forma y la textura se convierten en el principal foco de interés. Otra forma de atraer la atención hacia la forma es utilizar un solo color vivo en un escenario neutro. Un artículo muy llamativo en un esquema monocromo será, obviamente, el centro de atención, y nuestra vista atenderá tanto a su color como a su forma, lo que nos ofrece otro medio de crear ciertos elementos clave en un esquema decorativo. Un jarrón azul eléctrico colocado en un hueco blanco de la pared, sin ningún otro color vivo cerca, atraerá nuestra atención, de forma que el objeto se convierte en un foco de interés. Si el artículo es liso, en lugar de estampado, nuestra vista se centrará en el contraste del contorno contra el fondo. Si tiene dibujos (como un jarrón de porcelana china) el mismo estampado será el centro de atención.

Existen varias formas de utilizar el color con el fin de destacar la forma. Rematar con canutillos los bordes de llos cojines colocados en un sofá o silla logrará definir la silueta y forma global del mueble. Este efecto será más evidente cuanto mayor sea el contraste entre la tela base y el canutillo. Los pequeños toques como éste son los trucos empleados por el decorador para canalizar y enfocar la vista hacia los lugares deseados. Aplicados con sutileza, son casi imperceptibles, pero no debieran ignorarse ya que juegan un papel importante para lograr el éxito global de todo el esquema.

Esta butaca Lloyd Loom en eau-de–Nil *supone un fuerte tratamiento de forma contra las paredes entablilladas de un porche. Aunque, a buen seguro, estos colores no se planearon juntos, demuestran que las formas simples y los colores limpios combinan logrando un efecto decorativo muy efectivo.*

Si no está seguro de sus habilidades en lo referente a la combinación de colores, trate de simplificar el esquema lo más posible e introducir gradualmente más detalles y estampados cuando crea que la base es correcta. No añada detalles en una zona aislada. Ha de hacerse con cierto sentido de equilibrio, considerando el efecto global.

Decoración práctica con color

A la hora de planear un esquema decorativo para cualquier habitación, le ayudará enormemente imitar a los profesionales y confeccionar lo que ellos llaman un *storyboard*. A todos los efectos, es una especie de álbum de recortes. Recoja sobre una hoja de papel los distintos elementos de color de la habitación, ya sea con muestras reales, grumos de pintura o manchas de rotulador. Resulta de gran ayuda proporcionar los elementos de color: por ejemplo, podría hacer la mancha coloreada de las paredes seis veces más grande que el trozo de tela que represente al sofá. Ilustre cada elemento de color, incluyendo los remates y canutillos, sin olvidar el suelo. Aún cuando fuera un simple suelo de madera lijada, debería representarlo en el *storyboard* con una mancha de tamaño adecuado de pintura de color similar. Resulta mucho más sencillo planear un esquema yuxtaponiendo estos elementos y anotando los efectos conseguidos, que intentando recordar todas las ideas.

Posiblemente le será más fácil hacer el *storyboard* sobre una hoja A3, que dé cabida a todos los elementos proporcionados entre sí. Puede pegar trozos de papel con los grumos de pintura para evitar rehacer el *storyboard* si cambia de opinión antes de completarlo.

Confeccionar un *storyboard* es más sencillo si se cuenta con una buena colección de material de referencia. Guarde los artículos de revistas con esquemas decorativos de su agrado y tenga a mano las tarjetas producidas por los fabricantes de pinturas de calidad especializados en gamas de color interesantes.

Las tablas de color

Con el fin de dar una idea de los diferentes matices y tonos de los principales colores tratados en este libro, hemos creado cinco tablas de color a partir de telas, papeles, pinturas y materias naturales, que incluyen algunos diseños y colores de Laura Ashley. Estas tablas pretenden ilustrar una porción de la amplia gama de tonos existentes en cada color y la inmensa variedad de posibilidades abiertas a la inspiración.

Como regla general, el color más puro está situado en el centro de la tabla, con los aclarados por encima y los oscurecidos por debajo. Si avanza horizontalmente, de izquierda a derecha, verá cómo cambia el color, dependiendo de lo que se le haya añadido. En la tabla azul, encontrará azules verdosos (con amarillo añadido al azul puro) a la izquierda, y azules más malvas (con rojo añadido al azul puro) a la derecha. Así podrá comenzar a ver las sutiles diferencias en matiz, aclarado y saturación contenidas en un solo tema cromático. Los colores adquieren mayor luminosidad vistos en su estado puro. El color puro se ha mezclado con negro para obtener los tonos más oscuros y con blanco para los más claros. Cada una de las tablas de las páginas siguientes incluye diferentes texturas que ilustran cómo ésta puede modificar el impacto cromático de un matiz, desde el brillo satinado de una hoja y la calidad sedosa de los pétalos de una rosa hasta las motas naturales de la harina de avena y el tacto áspero de la corteza de árbol.

Las tablas de color facilitan también el nombre del color en inglés, ya que el catálogo Laura Ashley conserva dicho idioma. Un asterisco indica un color de la colección Laura Ashley; en tales casos, el nombre en inglés aparece en primer lugar.

El blanco, el neutro más elemental, se sitúa en el centro. Hacia la izquierda, los colores se hacen más fríos, con grises plateados en el extremo, al lado de neutros más verdosos como el ceniza y el bronce. A la derecha están los matices más cálidos como el crema y el arena. En la parte inferior, los neutros más oscuros varían de chocolate y óxido a carbón.

Neutros y naturales

La tabla de amarillo muestra cómo este color puede variar desde amarillos cítricos con un alto contenido de verde, a la derecha, pasando por matices vivos y alegres, en el centro, y los amarillos más anaranjados, con un contenido de rojo, como azafrán, ocre amarillo, cúrcuma y naranja, a la izquierda.

Amarillos

El verde se compone de dos colores primarios: azul y amarillo. El verde central de la tabla contiene partes más o menos iguales de ambos. A la derecha están los verdes con más azul, como el jade y el viridiana. A la izquierda están aquellos con un alto contenido de amarillo, como el oliva, musgo y manzana. Algunos de los verdes más oscuros, como el bosque o verde París, están oscurecidos con negro.

Verdes

Es fácil ver el movimiento de color de tonos verdes de azul, como el martín pescador y humo, situados a la izquierda, hacia tonos rojizos de azul, como el zafiro y espuela de caballero, a la derecha.

Azules

Amapola y escarlata son los colores primarios de esta tabla y ocupan la posición central. A la derecha están los tonos ladrillo, fresco, terracota y bermejo, que contienen amarillo, ocre y blanco. Hacia la izquierda se encuentran los rojos más rosados, como el frambuesa y rosa profundo, de naturaleza más azulada y amoratada. La fila superior muestra los tonos más suaves y pálidos de rosa rosa, con alto contenido de blanco, como el fresa y rosa yeso, que contrastan con los rosas más vivos de la parte inferior.

Rojos

Blanco y negro
Blanck and white

Gris paloma
Dove grey

Harina de avena
Oatmaeal

*Ivory
Marfil

Blanco
White

Gris cálido
Warm grey

Plata
Silver

Ceniza
Ash

Piedra pómez
Pumice

Taupe pálido
Pale taupe

Pizarra
Slate

Earl Grey

Madera
Wainscot

Lino
Raw linen

*Taupe

Turba
Peat

Carbón
Charcoal

Bronce
Bronze

Chocolate

Nuez
Nut brown

Calicó
Calico

*Stone
Piedra

Soga
String

Ostra
Oyster

Arán
Aran

*Natural

Abedul plateado
Silver birch

Galleta
Biscuit

*Cream
Crema

*Sand
Arena

Desierto
Desert

Champiñón
Mushroom

Óxido
Rust

Yute
Jute

Nuez moscada
Nutmeg

Beige
Fawn

Moka
Mocha

Café
Coffee

Arcilla
Clay

Corteza de árbol
Bark

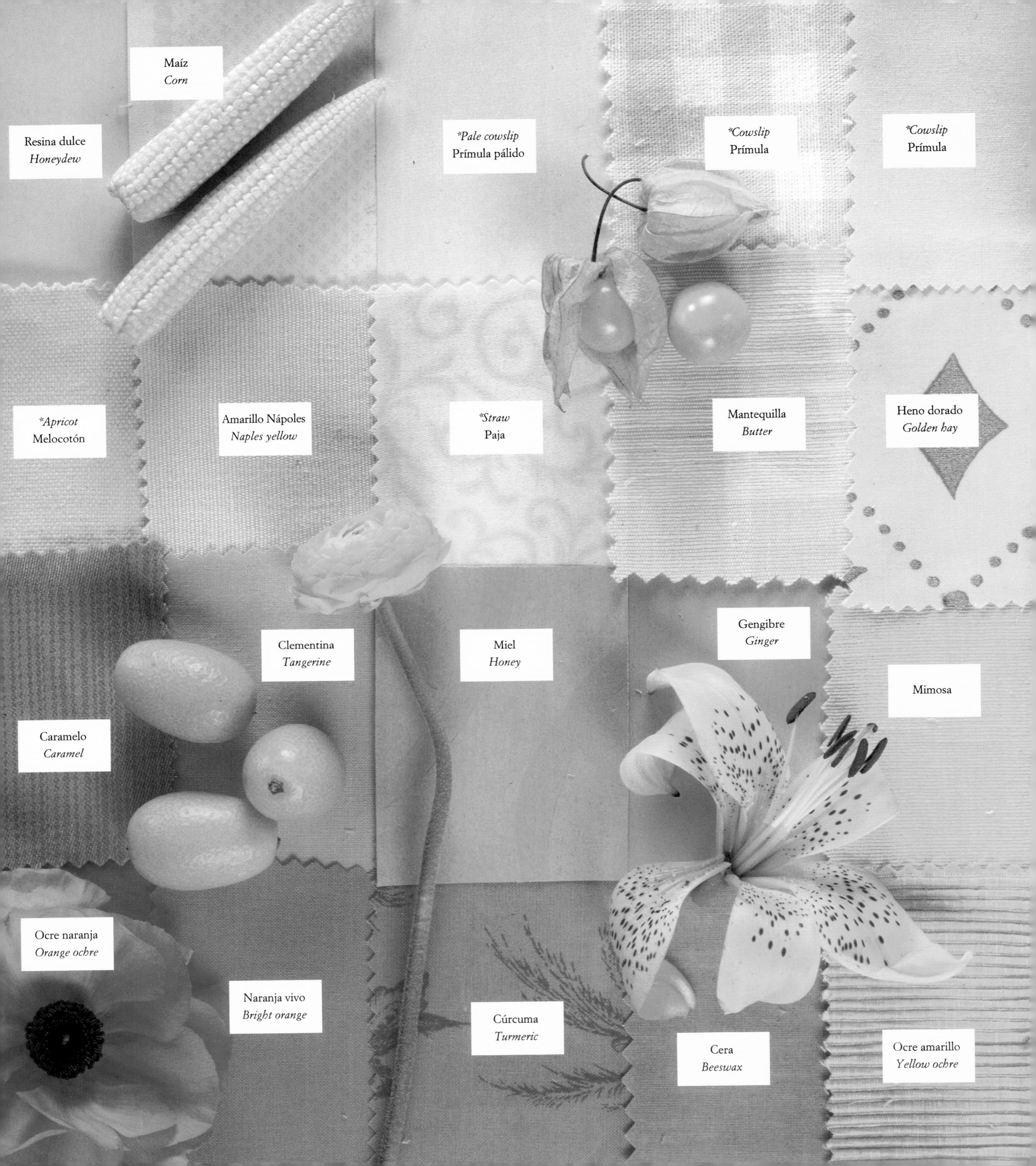

Resina dulce
Honeydew

Maíz
Corn

Pale cowslip
Prímula pálido

Cowslip
Prímula

Cowslip
Prímula

Apricot
Melocotón

Amarillo Nápoles
Naples yellow

Straw
Paja

Mantequilla
Butter

Heno dorado
Golden hay

Clementina
Tangerine

Miel
Honey

Gengibre
Ginger

Mimosa

Caramelo
Caramel

Ocre naranja
Orange ochre

Naranja vivo
Bright orange

Cúrcuma
Turmeric

Cera
Beeswax

Ocre amarillo
Yellow ochre

Mantequilla
Butter

Primavera
Primrose

Amarillo harinoso
Powder yellow

Oro pálido
Pale gold

Amarillo cítrico
Citrus yellow

Limón
Lemon

*Old gold
Oro viejo

Camomila
Camomile

Sabana
Savannah

Ranúnculo
Buttercup

Amarillo primario
Primary yellow

*Deep cowslip
Prímula
profunda

Oro viejo
Old gold

Mostaza pálido
Pale mustard

Amarillo orquídea
Orchard yellow

Mostaza
Mustard

Vara de oro
Golden rod

Oro oriental
Eastern gold

Azafrán
Saffron

Paprika

Verde oliva
Olive

Manzana
Apple

Pale moss
Musgo pálido

Líquen
Lichen

Menta
Mint

Caqui
Khaki

Verde hierba
Grass green

Moss
Musgo

Salvia
Sage

Esmeralda
Emerald

Oliva profundo
Deep Olive

Verde seto
Hedgerow Green

Dark moss
Musgo oscuro

Selva tropical
Rainforest

Esmeralda
profundo
Deep emerald

Pícea
Spruce

Verde otoño
Autumn green

Aragon green
Verde Aragón

Malaquita
Malachite

Dark green
Verde oscuro

Pale heath green
Verde brezo
pálido

Pistacho
Pistachio

Alga
Seaspray

Jade pálido
Pale jade

Aguamarina
Aquamarine

Heath green
Verde brezo

Jade

Turquesa
Turquoise

Fir green
Verde abeto

Jade

Romero
Rosemary

Ely Green
Verde Ely

Verde botella
Bottle green

Viridian
Viridiana

Viridiana
profundo
Deep viridian

Ortiga
Nettle

Verde hípica
Racing green

Paris green
Verde París

Bosque
Forest

Verde cazador
Hunting green

Azul Adam pálido
Pale Adam blue

Huevo de pato
Duck egg

Nube
Cloud

Azul harinoso
Powder blue

Azul porcelana
Porcelain blue

Azul Wedgwood
Wedgwood blue

Azul Adam
Adam blue

Azul celeste
Azure

Azul cielo
Sky blue

Azul polvoriento
Dusty blue

Azul cerúleo
Cerulean blue

*Smoke
Humo

Harinoso
profundo
Deep powder

Humo cálido
Warm smoke

*China blue
Azul China

Azul atlántico
Atlantic blue

Martín pescador
Kingfisher

*Prussian
Prusia

Pavo real
Peacock

*Midnight
Medianoche

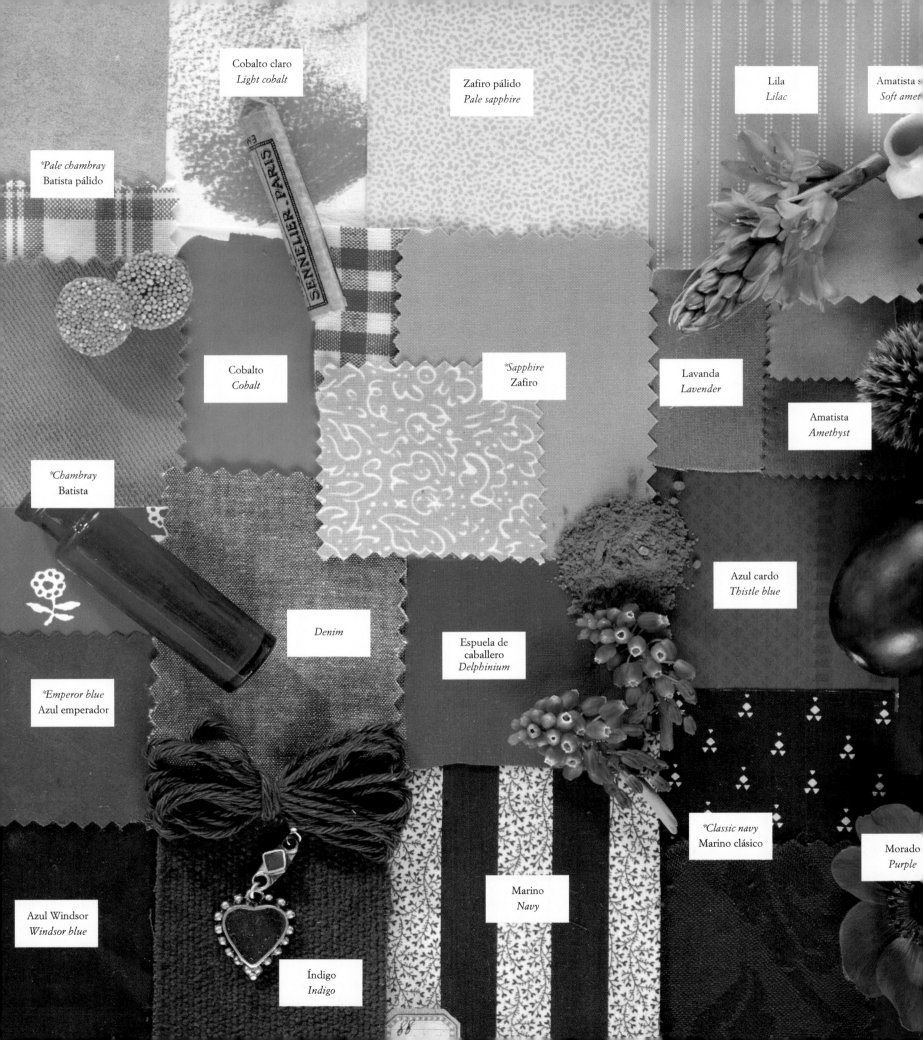

*Pale chambray
Batista pálido

Cobalto claro
Light cobalt

Zafiro pálido
Pale sapphire

Lila
Lilac

Amatista s
Soft amet

Cobalto
Cobalt

*Sapphire
Zafiro

Lavanda
Lavender

Amatista
Amethyst

*Chambray
Batista

Azul cardo
Thistle blue

Denim

Espuela de
caballero
Delphinium

*Emperor blue
Azul emperador

*Classic navy
Marino clásico

Morado
Purple

Marino
Navy

Azul Windsor
Windsor blue

Índigo
Indigo

Ciruela pálido
Pale plum

Rosa concha
Shell pink

Rose
Rosa

Rosa harinoso
Powder pink

Old rose
Rosa seca

Plum
Ciruela

Rosa profundo
Deep rose

Rosa pálido
Rose pink

*Crushed
strawberry*
Fresa

Rosa polvoriento
Dusty pink

Mora
Mulberry

Frambuesa
Raspberry

Magenta

Crimson
Carmesí

Rojo primario
Primary red

Morera
Morello

Escarlata
Scarlet

Rubí
Ruby

Burdeos
Claret

Burgundy
Borgoña

Rosa yeso suave
Soft plaster pink

Rosa yeso pálido
Pale plaster pink

Fresco pálido
Pale fresco

Ante
Buff

Coral pálido
Pale coral

Deep plaster pink
Rosa yeso
profundo

Plaster pink
Rosa yeso

Coral

Terracota pálido
Pale terracotta

Fresco

Amapola
Poppy

Pale Brick
Ladrillo pálido

Terracotta
Terracota

Brick
Ladrillo

Rosa ardiente
Hot pink

Rojo real
Royal red

Ocre rojizo
Red ochre

Russet
Bermejo

Ladrillo
Brick

Vino
Wine

Colores de época

Puede suceder que desee decorar su casa o piso en colores típicos del período en que se construyó. Varias instituciones dedicadas al cuidado de edificios históricos han llevado a cabo investigaciones sobre colores clásicos; no obstante, quizá sea más práctico o armonioso utilizar colores que sean aproximados y sugieran la época, en lugar de aquellos absolutamente correctos. Esto es aplicable tanto a estampados como a colores. Muchos de los diseños textiles modernos son readaptaciones de diseños guardados en los museos y archivos del mundo. En ocasiones, el nuevo diseño posee un tema cromático actualizado: es decir, colores menos chillones y más polvorientos para representar los colores anteriores al uso de tintes químicos, o un estampado ligeramente revisado. En estos casos, es el color lo que determinará si la tela es apropiada, y no si el estampado es exacto al original. Podemos también leer algunas excelentes obras de documentación sobre la historia de interiores, muchas de ellas ilustradas con láminas de dibujos coloreados, con frecuencia fabricadas por el decorador de la época.

La fidelidad respecto al estilo o esquema de color originales depende, en gran parte, de la arquitectura de su hogar. Desafortunadamente, se han modernizado muchas casas a costa de los planos originales del arquitecto, con lo que muchas características de la época se han perdido o han sido sustituidas por equivalentes contemporáneos. Ciertos colores predominaron en determinadas épocas, normalmente influenciados por los materiales existentes y, a menudo, por individuos que marcaban la moda. Todo el color empleado en decoración antes de la Revolución Industrial del siglo XIX se basaba en pigmentos naturales, y los colores populares en diferentes países estaban marcados por las existencias locales. Los nombres otorgados a los colores, aún en uso, tienden a reflejar el lugar de origen del pigmento, como en el caso del siena, un marrón rojizo, que procede de Siena, Italia. Los pigmentos locales influyen en los esquemas de color del lugar, por lo que es común ver casas pintadas de rojos vivos allí donde el pigmento de tierra es rojo óxido, o en amarillos vivos donde el pigmento local es ocre amarillo.

Algunos de los pigmentos se encuentran en muchas partes del mundo, mientras que otros son poco frecuentes y, por lo tanto, preciosos. Tales colores eran, con frecuencia, demasiado caros para el uso doméstico y, con el tiempo, se encontraron sustitutos más baratos. Los colores ricos y profundos del Renacimiento (los dorados, azules cobalto y lapislázuli, rojos rubí, verdes vivos y verdes porfirio) contenían algunos de los pigmentos más caros. Una visita a una galería de pinturas renacentistas nos revelará las características del estilo: pesadas colgaduras, terciopelos y mobiliario voluptuoso. Con la llegada del siglo XVII, cambiaron el estilo y la paleta de color.

El barroco y el rococó, con su énfasis en el movimiento en remolino y los colores

PAGINA SIGUIENTE *Las paredes pintadas en azul y verde azulado aportan una magnífica sensación de claridad y profundidad. La textura cobra especial importancia al emplear combinaciones de color sutiles: la seda del elegante sofá y las sillas, y el grueso pelo de la alfombra destacan en esta habitación del siglo XVIII de Mount Vernon, Virginia, EE UU. Se trata de la residencia familiar de George Washington, amueblada y decorada exactamente como lo hubiera estado en vida de del presidente.*

El Staircase Hall amarillo y blanco de Hatchlands, en Surrey, Inglaterra, es un clásico ejemplo de los primeros trabajos del arquitecto Robert Adam. Para exhibir con éxito una escultura, se requiere un escenario que permita centrar la atención en su forma. Los esquemas neutros –en este caso amarillo, blanco, negro y marrón– resultan ideales para este propósito, ya que retroceden, dejando que los artefactos hagan gala de su belleza. Observe cómo la luz capta la textura de las estatuas, creando un maravilloso juego de sombras que realza la forma.

claros, marcaron una nueva época en la paleta cromática para el interior, con el uso de los tonos de color pastel, de color rosa, azul, verde pálido, oro y blanco.

A mediados del siglo XIX, la paleta de color, todavía clara, se hizo más prolífica gracias a la obra de Robert Adam, el renombrado arquitecto escocés. Adam, que había realizado un extenso viaje por Europa, tomó los colores soleados de Italia. Sus esquemas de color, adornados con trabajo de estuco, contenían tonos medios de verde, azul y violeta, con blanco y, en ocasiones, oro como relieve. Con la vuelta del clasicismo, la alegría se esfumó dejando paso a un estilo decorativo más monótono y formal. El énfasis del resurgimiento de lo palatino recaía más en la forma que en la ornamentación, y una paleta más sombría aseguraba el realce de las líneas clásicas. El *drab*, un marrón verdoso especialmente sombrío, era uno de los colores, a menudo contrarrestado con blanco o gris pálido.

La colección de telas a su disposición es tan extensa que puede complicar su decisión. Existen, sin embargo, unas cuantas reglas importantes. Si es posible, comience con una idea relativamente clara de lo que busca: el color, tipo de estampado o ambiente de la habitación bastarán. No emplee demasiado tiempo mirando muestras de estampado, o acabará confundido. A ser posible, curiosee en las tiendas a horas del día en que no estén llenas de compradores que le distraigan, que no estén a punto de cerrar y cuando los dependientes estén libres para atenderle y asesorarle.

Asegúrese de tener una idea clara del peso y textura del tejido que necesita, como una tela de tapizado para los complementos. Una vez escogida la tela, guarde un trocito en su cuaderno para usarlo como referencia al escoger otros remates decorativos como ribetes, canutillos o cojines. Combinar telas y remates diferentes de memoria es, en el mejor de los casos, una cuestión de puro azar y, en el peor, un desastre y un derroche de dinero.

A pesar de la gran variedad de pesos y acabados de telas, elija siempre una adecuada a lo que se tenga en mente. En la actualidad, casi todas las telas se clasifican, como en la colección Laura Ashley, según su función: de cortina; de cortina y tapicería; de tapicería; únicamente para cortinas; y para forros. Por supuesto, siempre puede ignorar esta clasificación, pero entonces deberá tener mucho cuidado, ya que la diferenciación de las telas no es gratuita sino que obedece a razones reales.

Si así lo desea, es posible utilizar telas de forro como telas superiores u otros tejidos como forro, suponiendo que tengan aproximadamente el mismo peso. El terliz de colchón, con frecuencia empleado ahora como tela superior, fue en otro tiempo condenado como tela funcional. Otro modo de crear sus propias telas es coser trozos o retales para confeccionar remates, rayas o retazos de estampado y color.

El verde salvia, ocre amarillo y rojo indio son todos variaciones de colores más puros a los que se ha añadido negro con el fin de hacerlos menos recios y más sutiles. Debido a que tienen casi los mismos valores tonales, tienden a cancelarse, creando un esquema de aspecto más neutro de lo que cabría sospechar.

Telas

Pintura

Existe una gama cada vez mayor de pinturas a la venta, muchas de ellas fabricadas por especialistas en el tema. A pesar de ser más caras, ofrecen la ventaja de ofrecer colores más sutiles y una paleta más limitada. Esto puede parecer contradictorio, pero del mismo modo que demasiadas telas pueden confundirnos, numerosos tipos de pintura pueden provocar una especie de «ceguera»: hacernos sentir incapaces de tomar una decisión y, presas del pánico, optar por algo inadecuado.

El éxito, o fracaso, de la pintura no reside en escoger la tonalidad correcta, sino en encontrar el tipo de pintura apropiado para la tarea a realizar.

Existen varias composiciones de pintura a la venta, que vienen determinadas por los ingredientes que continenen. En un principio, la pintura era básicamente pigmento y tiza transformados en una solución pastosa, con agua o aceite como diluyente. La Revolución Industrial, con la consiguiente mecanización y avance en la industria química, supuso todo un cambio: a partir de entonces las pinturas se hicieron más sofisticadas y variadas. Ahora se nos ofrece una gama casi infinita de tipos de pintura (que incluye emulsiones de vinilo, pinturas esmaltadas, pinturas para suelos y exteriores, todas en una variedad de acabados) y una nueva opción de sustancias similares, como los tintes para madera, recientemente lanzados al mercado. Es, por lo tanto, necesario considerar qué se va a pintar y cuál es el mejor medio existente.

El verde Adam fue uno de los colores decorativos más populares del siglo XVIII. Se presta maravillosamente a la exposición de muebles y pinturas de madera, lo que quizá explica por qué ha sido durante mucho tiempo un color habitual en la decoración de grandes casas de campo. Aquí, en la Homewood House de Baltimore, EE UU, el color aparece oscurecido hacia tonos de verde manzana, aunque siempre conservando el estilo Adam. La escayola blanca, otro rasgo clásico Adam ayuda a definir y centrar la atención en la arquitectura.

Las pinturas de fabricantes de calidad incluyen, cada vez más, acabados antiguos o envejecidos, como el temple o la pintura sencilla al aceite. Originalmente, el temple contenía cal para evitar la formación de esporas mohosas: una necesidad en casas sin cortahumedades y una de las razones de por qué las trascocinas y despensas solían ir pintadas al temple. A diferencia de la pintura de vinilo moderna, el temple permite que la superficie cubierta, ya sea piedra, ladrillo o escayola, respire. La pintura de vinilo actual, aplicada sobre una superficie húmeda, hará burbujas y se cuarteará.

Hasta épocas recientes, la pintura sólo se aplicaba a paredes, techos, marcos de puertas y ventanas, así como a armarios de cocina. Los muebles pintados adquirieron gran popularidad cuando el mobiliario de pino que proliferó en muchos hogares de varios continentes requirió un lavado de cara. Los acabados de pintura de varios tipos han dado al decorador de interiores aficionado la posibilidad de revitalizar su hogar de modos imaginativos y originales sin gastar una fortuna. Teniendo ésto en cuenta, no resulta sorprendente que estos efectos pictóricos hayan labrado la historia decorativa de los años 80 y 90.

La madera, al contrario que la escayola, puede recibir una gran variedad de acabados, dependiendo de si se desea revelar la apariencia natural de la madera o si se prefiere ocultarla. La durabilidad del acabado es también un punto clave, que hace recomendable barnizar todo efecto pictórico, ya sea para muebles o paredes.

Papel pintado

Al igual que ocurre con las pinturas y telas, existen distintos tipos y pesos de papel pintado, diseñados para diferentes propósitos. Laura Ashley produce tres tipos: papel pintado en relieve, con un diseño en relieve y acabado simple, que puede pintarse para adecuarlo a su esquema de color; papel pintado normal, liso o estampado; papel pintado vinílico mate y brillo, revestido para hacerlo completamente lavable y adecuado, por lo tanto, para habitaciones donde el vapor pudiera afectar al papel. También hay cenefas y frisos, en varios anchos, utilizables por separado o en combinación con otros papeles.

Antes de que la Revolución Industrial impusiera el empapelado, gracias al proceso de producción mecanizado, el papel pintado se decoraba a mano, con bloques de madera, y se vendía en cuadros o pequeñas tiras. La cantidad de tiempo empleada en su fabricación lo convertía en un producto exclusivo de los más ricos. Algunas fábricas aún producen papeles impresos a mano, aunque su precio también es más que único. No hay nada comparable a la belleza y calidad de un papel impreso a mano, pero desafortunadamente resulta muy caro. Sin embargo, muchas compañías, Laura Ashley entre ellas, pueden imprimir diseños que recuerdan los diseños impresos de forma manual.

Cómo mezclar colores con acierto

Imaginar un esquema de decoración interior utilizando una paleta de color muy limitada es una tarea relativamente sencilla. El momento complicado para un decorador sin experiencia llega a la hora de mezclar los colores, ya que el esquema puede carecer de unidad y cohesión. El secreto de combinar varios colores con acierto reside en elegir algunas zonas grandes de cada color y mezclar tonos del mismo matiz. De hecho, la elección de tono de cada color, ya sea claro u oscuro, juega un papel muy importante en el aspecto global y el ambiente de la habitación.

En este escenario deliberado, el punto de partida es una paleta de cuatro colores «vivos» que representan más o menos tonos medios similares: rosa, amarillo, azul turquesa y verde manzana. Si no comprende lo que significa «tono», afine la vista al mirar las fotografías. Ciertos colores parecen más claros que otros: esto es lo que llamamos tono. Es fácil confundir tono con luminosidad, pero los colores luminosos, o vivos, no son siempre claros. Resulta mucho más sencillo aprender las diferencias entre tono y luminosidad mirando colores lisos. En cuanto se incluyen otros colores, nuestra vista se despista y no notamos si el efecto es predominantemente claro u oscuro. El blanco añadido a un estampado llamará la atención de forma inmediata y puede hacer creer que el efecto global es más claro de lo que en realidad es; pero si lo miramos de nuevo aguzando los ojos, surgirá el auténtico valor tonal del esquema.

Los colores de esta habitación fueron escogidos a partir de trozos de tela colocados sobre una lámina de papel amarillo que representaba el color de las paredes. Es de máxima importancia comenzar el esquema probando distintas telas juntas para ver cómo combinan. En este punto, tan importante es atender al estampado como al color. Aquí, se escogió un lino floral para las cortinas. El telón de fondo color arena es un tono medio que funciona tanto con los esquemas pálidos como con los oscuros, mostrados en las páginas siguientes. Los colores de tapizado rosa y turquesa recogen el rosa y turquesa de las flores del estampado. A lo largo del borde de las cortinas se ha cosido un ribete de lino en turquesa, que aporta definición en contraste a la pared amarilla.

Comprender la diferencia entre tono y luminosidad de color es importante porque afecta al modo en que el color se «lee» desde una distancia: los colores oscuros retroceden y los claros avanzan. Para complicar más las cosas, los rojos parecen estar más cerca de lo que en realidad están y los azules más lejos. Encontrar el equilibrio entre estos factores de luz y oscuridad, y colores que avanzan y retroceden, es un paso clave a la hora de manipularlos para lograr los efectos deseados y para crear un ambiente cálido o fresco. Los colores que contienen rojo y amarillo se perciben como cálidos; los colores que contienen azul y verde se perciben como frescos.

Aquí, se han utilizado los cuatro colores principales para los elementos de volumen de la habitación, empleando tonos medios de rosa, azul turquesa y verde manzana para los sofás y las butacas, y amarillo para las paredes. Los colores se mantienen equilibrados debido a que los valores tonales son similares. Un sofá rosa chillón, con butacas verde botella y azul real, habría concentrado la atención, excluyendo los otros dos colores. Las elecciones de color pueden, por tanto, usarse para manipular el efecto que se intenta lograr.

En esta fotografía, se han añadido cortinas a la habitación básica para unificar el esquema. Las cortinas de lino de color arena con su estampado floral rosa y turquesa complementan las paredes de tono medio y los sofás turquesa y rosa.

45

Ahora se han añadido al esquema básico toques de tonos más claros en forma de accesorios más pequeños, como cojines en tonos pálidos de los tres colores principales (rosa pálido, verde menta pálido y azul cielo pálido), cobertores y muebles pintados en pálido. El efecto de conjunto es mucho más diáfano y aumenta la sensación de espacio. Este efecto puede utilizarse para hacer que una habitación pequeña parezca más grande. Un tono mucho más pálido en las paredes aumentaría más la apariencia de espacio.

En la misma habitación clásica, los accesorios claros se han sustituido por otros más oscuros: una selección de cojines oscuros lisos en verde botella verde, azul marino, granate profundo, ciruela y rojo frambuesa; una alfombra borgoña oscura; varios cobertores sobre el sofá; un cuadro al óleo en tonos oscuros; y muebles de madera oscura. El efecto es de una gran profundidad, acercando aparentemente los sofás y sillas entre sí, y dando a la habitación una mayor solidez.

El modo en que percibimos el color depende en parte de dónde y cómo está situado, y de los colores junto a los que se coloca. En estas dos fotografías, se han añadido cojines de diferentes tonos a la butaca verde para mostrar cómo afectan al color base. Aquí, la tela base parece más oscura debido a que los cojines claros hacen retroceder la tela verde lisa del sofá.

En esta fotografía, se han añadido dos cojines más oscuros en denim y verde bosque a la butaca verde. Como resultado, el color de la tela se aclara y parece avanzar.

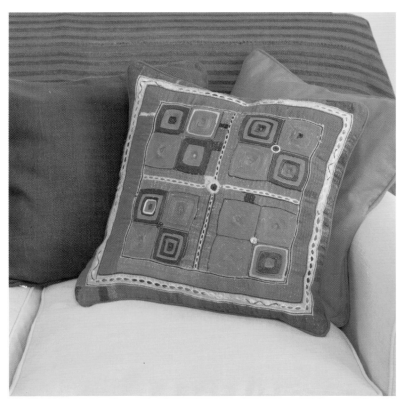

En esta página, hemos dado tres tratamientos al sofá rosa. ARRIBA IZQUIERDA Se han colocado cojines en tonos pálidos de guinga rosa y blanco, prímula y menta. El blanco de la guinga parece avanzar. ARRIBA DERECHA El sofá con cojines en tonos oscuros de verde botella y granate. Aportan un aspecto rico y profundo a la tela rosa del sofá. IZQUIERDA Se ha añadido un cobertor a rayas y una mezcla de cojines claros y oscuros. El amarillo del frontal del cojín bordado lo hace avanzar.

PAGINA SIGUIENTE El mismo ejercicio se ha llevado a cabo en el sofá turquesa, aunque introduciendo estampado. ARRIBA IZQUIERDA El sofá con cojines en rosa pálido, eau–de–Nil y un cuadro grande. ARRIBA DERECHA El cobertor intensifica los colores de los cojines y crea armonía. ABAJO IZQUIERDA El efecto se hace más apagado a medida que disminuye el contraste entre luz y oscuridad. ABAJO DERECHA El cobertor aúna los extremos de los tonos claros y oscuros, y crea un efecto más armonioso.

CAPITULO 2

*neutros
y
naturales*

El efecto global de la utilización de neutros en decoración es una sensación de espacio, tranquilidad y armonía. Si desea un interior que no pase de moda rápidamente, un esquema neutro será casi siempre la opción más acertada. Esto se debe, en parte, a que ha sido popular en innumerables momentos de la historia de la arquitectura y la decoración de interiores y, en parte, a que resalta los detalles arquitectónicos, por lo que nunca resulta anticuado.

A pesar de que el blanco no es estrictamente un color, es uno de los elementos más importantes en cualquier esquema decorativo, proporcionando la base entera o zonas de contraste para diferentes combinaciones de color. Una gran parte de la gama de neutros reside en el sector blanco, crema y beige, mientras que los marfiles, *taupes*, arenas, piedras, yutes, marrones y grises son considerados colores neutros por encontrarse en objetos y marcos naturales.

Al utilizar el blanco, recuerde que tiene muchas tonalidades. No se trata del color simple, liso que imaginamos a primera vista. La composición de la tela, pintura, escayola, papel o madera determinarán la forma en que refleje la luz y si, en consecuencia, parece cálido o frío. Podemos jugar con los diferentes tonos de blanco, haciendo distinciones sutiles, para lograr el tipo de sombra que obtendríamos con los relieves arquitectónicos. Ésta es una técnica especialmente valiosa cuando se necesita crear cierta definición e interés que, de otro modo, no existiría en una pared, quizá debido a la ausencia de rasgos arquitectónicos.

Little Moreton Hall en Cheshire está considerada como el ejemplo más perfecto del Reino Unido de casa señorial con estructura de madera. Las vigas negras y los paneles pintados de blanco forman un contraste llamativo y prueban que un esquema neutro puede resutar tan efectista como uno con colores atrevidos.

No es coincidencia que las galerías de pintura y escultura tengan paredes blancas y suelos pálidos. Éstos proporcionan el marco perfecto para resaltar elementos decorativos, ya sean muebles, telas, pinturas o incluso personas. Los neutros han constituido un rasgo importante en muchos estilos decorativos específicos: en los pálidos colores crema del estuco de las casas en hilera; en los frescos y espaciosos interiores inspirados por el minimalismo con suelos y muebles aclarados y paredes blancas; en las superficies pintadas de blanco azulado del estilo escandinavo; o las sencillas casas de piedra encaladas de los países mediterráneos, donde la reflexión del blanco contribuye a reducir el calor reflejándolo al exterior.

Los esquemas neutros se basan más en el uso de luz y textura que ningún otro esquema de color. Los colores pálidos, blancos y cremas reflejan la luz natural de las paredes y la devuelven a la habitación, creando un ambiente diáfano. Las texturas de la estancia también quedan resaltadas, ya que la ausencia de color obliga a fijarse en la superficie de los objetos. Una combinación de los dos elementos es la clave de cualquier esquema neutro, ya se trate de simples superficies lisas de piedra pintada de blanco, suelos de mármol y los guardapolvos de algodón blanco de un interior italiano, o los yutes y cáñamos, lienzos y maderas aclaradas de interiores más modernos. Es posible decorar toda una casa con neutros, desde gris paloma pálido hasta ocre, variando ligeramente en cada habitación para lograr un efecto de textura sutil que aúne las habitaciones en un tema armonioso. Sea cual sea el aspecto deseado, lo importante es que posea carácter.

La luz juega un papel esencial en cualquier esquema neutro, tanto si se trata de luz natural procedente de grandes ventanas o de iluminación artificial deliberada, dado que es el efecto de sombras de estas superficies monocromáticas el que crea el interés real y el ambiente de cada habitación. Todas las habitaciones de la casa, desde el cuarto de baño a la cocina, pueden decorarse con neutros y naturales, pero es importante utilizar los rasgos existentes en la habitación como piedra angular del esquema. Una sala de una casa de campo con oscuras vigas de roble requerirá un tratamiento muy diferente a un granero reconvertido con suelos lijados de pino y olmo. En la primera, las telas naturales, suaves y con cuerpo como *jacquards*, *chenilles* y damascos serían buenas opciones, mientras en el segundo podría optar por texturas más recias como lienzos, lonas y reps de algodón, más a tono con las líneas agudas y limpias de la arquitectura. Los objetos decorativos –ya sean jarras de piedra talladas, porcelana Wedgwood o delicado cristal soplado– también contribuirán a centrar el tema y el tono, y deberían seleccionarse por su armonía tanto con el escenario como con los otros elementos decorativos. Asegurar esta continuidad de textura, tono y forma es la clave para la decoración en neutros y naturales.

La influencia de los neutros

Los neutros se han utilizado durante mucho tiempo en esquemas decorativos, ocupando un lugar destacado en los diseños de los georgianos, como Robert Adam y John Nash, o de artistas posteriores como los del movimiento de *Arts and Crafts*, cuyo uso de los colores naturales y maderas sin pulir ejercería una gran influencia. Los sencillos interiores domésticos del pasado también hacían buen uso del blanco debido a que era barato, luminoso y fácil de limpiar.

Los coloridos y pesados esquemas decorativos de los años Victorianos y Eduardianos, y los vivos colores de los locos años veinte, se vieron seguidos por una inevitable reacción en los años 30, cuando los neutros se convirtieron en el último grito de la moda. Éste fue el momento de apogeo del decorador de interiores. Hasta entonces, los arquitectos, ebanistas y tapiceros habían supuesto la única guía. Sin embargo, tras la Primera Guerra Mundial, la recién abrazada emancipación de las mujeres las lanzó en busca de trabajo, y muchas se abrieron paso como consejeras en la decoración de interiores.

Charles Rennie Mackintosh (1868–1928), actualmente reconocido como un notable arquitecto y diseñador de muebles, fue más famoso en su época como diseñador de interiores. Empleó contrastes de luz y oscuridad en esquemas monocromos para lograr una simplicidad casi japonesa, con el consiguiente énfasis en la forma y la estructura. Mackintosh creó efectos dramáticos y severos en la sala de su casa en el 120 de Mains Street, en su Glasgow natal, utilizando blanco para las paredes, suelos y gran parte del mobiliario. El único elemento suave de la habitación procedía de las cortinas de muselina transparente de las ventanas: un estilo revalorizado hoy día, casi un siglo después.

Mackintosh fue el exponente, por excelencia, de los efectos monocromáticos en la decoración. Gracias a su influencia original, numerosos esquemas inspirados en blanco y negro estuvieron en boga en la época del *jazz* de los años 30. La combinación de blanco y negro es aún hoy un emblema decorativo popular, especialmente para pasillos y cocinas, ya que supone una excelente forma de exhibir motivos decorativos o diseños geométricos. Los suelos embaldosados en blanco y negro han gozado siempre de gran popularidad en las entradas principales. Durante los años 30, era habitual alicatar los baños en blanco y negro, con el resto de los apliques en blanco. En la actualidad, la tendencia es a suavizar el efecto añadiendo superficies de madera natural, que sustituyen al cromo y vidrio de los años 30, para crear un acabado más cálido y afable, a la par que elegante.

El estilo decorativo de Syrie Maugham (1879–1955) era una extensión natural de algunos de los principios subyacentes en los interiores de Charles Rennie Mackintosh. La anterior esposa de Henry Wellcome, presidente de una compañía farmacéutica, y posteriormente casada con el novelista Somerset Maugham, pasó a ser una importante decoradora, tras haber trabajado en el departamento de antigüedades del prestigioso establecimiento londinense, Fortnum and Mason. Su característica decorativa era la predilección por las telas de colores claros. También gustaba de lijar los muebles, despojándolos de sus anteriores tintes oscuros, y bien pintarlos o encerarlos para restaurar el lustre pálido y original de la madera.

Los interiores blancos creados en 1927 por Syrie Maugham para su casa londinense, llevaron el tema neutro a un estadio superior, aunque apartado de las líneas limpias y escultóricas de Charles Rennie Mackintosh. Ella fusionó el cargado mobiliario francés Luis XIV, previamente lijado y encerado, o pintado en colores pálidos, con los entonces populares cromo y vidrio modernistas, resaltando las recias líneas de los muebles modernos con generosas cantidades de telas lisas, pero con textura. Esto creó una mezcolanza ecléctica que resumía el período de convulsión social que siguió a la Primera Guerra Mundial, cuando el antiguo orden dió paso a una sociedad menos clasista.

El uso de tonos de crema, beige y blanco se ha vuelto a revalorizar en la decoración de interiores, convirtiéndose en un tema recurrente en el estilo de los años 90. Esto se debe a varios factores: por una parte, proporcionan un contraste necesario frente a los colores y estampados de los 80; por otra, está el creciente interés de los 90 por la conservación, restauración y un estilo de vida más natural; finalmente, no podemos olvidar la gran popularidad del estilo escandinavo y de los colores desgastados por el sol.

Los esquemas más monocromáticos de los años 30, con sus contrastes distintivos de blanco y negro, han dado paso a esquemas decorativos más sutiles en gris, blanco y *taupe*, donde la interacción de luces y sombras transmite una sensación casi arquitectónica al esquema cromático global. Las texturas suaves y las superficies mates son el alma de este estilo.

Los esquemas de color monocromáticos, en este caso en negro, gris y blanco, pueden resultar tremendamente efectivos, como demuestra el Great Hall de Syon House, Surrey, Inglaterra, diseñado por Robert Adam en torno a 1760. Los esquemas monocromáticos limpios, elegantes y fríos son ideales para estancias grandes y luminosas.

Estilo

Esta habitación, aunque predominantemente blanca, se beneficia de los toques de ocre de la tarima de madera, el gran cuadro de la pared y algunos otros elementos del mobiliario. Al no haber ningún color que distraiga la vista, la atención se centra en la forma de los muebles: una equilibrada mezcla de líneas recias y suaves.

Una vez descartado el color atrevido, nuestra vista se concentra en los otros dos aspectos clave del diseño de interiores. Si va a optar por un esquema de inspiración neutra, deberá centrar su atención inevitablemente en estos factores, además de resultar esencial para el estilo obtener de ellos el máximo rendimiento, ya sea en forma de muebles, telas o rasgos arquitectónicos.

Un esquema neutro desviará la atención hacia la forma de la arquitectura y del mobiliario, ya que no hay color que distraiga la vista. Este tipo de esquema será la mejor opción si, por ejemplo, posee muebles excepcionales o una habitación proporcionada. Un toque de color añadido a una habitación predominantemente neutra aportará viveza y enfoque. La colocación de los muebles adquiere gran importancia en estos esquemas: lo más recomendable es pecar por defecto, nunca por exceso, centrando la atención sobre unos cuantos elementos atractivos. Se trata de un ambiente adecuado sólo para los amantes de las líneas depuradas y las habitaciones espaciosas.

Existen, no obstante, otros muchos esquemas neutros. Puede crear un aspecto minimimalista con paredes blancas, maderas pálidas y telas blancas, o puede optar por

un ambiente ecléctico y desordenado, con paredes pálidas como telón de fondo de un amasijo de libros, revistas, cuadros y plantas. Si cuenta con una combinación interesante de muebles, descubrirá que resultan más efectivos colocados contra un fondo neutro. Si desea una habitación serena y elegante, emplee tonos suaves de cremas o grises pálidos, tal vez con notas de naturales como azul suave o terracota terroso. Otros muchos ambientes se pueden conseguir con este mismo esquema: simplicidad rústica, con esteras de rafia, baldosas de terracota y mobiliario rústico; gran sofisticación, con paredes blancas, detalles en negro, barras de cortina metálicas, muebles modernos y líneas abstractas; o elegancia suprema, con papeles pintados decorativos, telas de gran textura y delicados complementos y detalles. Las colecciones de objetos aportan estilo, énfasis e individualidad a una habitación neutra, ya se trate de figuritas de porcelana, fotografías, cuadros u otros artículos.

Textura

La textura es un elemento valioso en cualquier esquema decorativo, pero adquiere especial relevancia en lo referente a los neutros, ya que, en ausencia de color y estampado, la vista tiende a centrarse en la textura. Por lo tanto, debemos comenzar a considerar los diferentes tipos de textura, desde las más ásperas o nudosas hasta las más suaves o delicadas. Para ello, intente contrastar diferentes texturas, como la consistencia áspera y dura del yute, en forma de alfombra de rafia, con la madera suave y pulida sobre la que iría colocada la anterior. Compare también la transparencia del cristal con la textura de una pared de ladrillo pintada de blanco. Los grandes guijarros suavizados por la acción del agua suponen el contraste ideal para la superficie desgastada de la escayola de un alféizar. Una colección de botellas antiguas podría ir sobre una estantería de madera burda. Pueden coserse trozos de encaje a los cojines con el fin de crear un relieve de texturas sobre los densos tejidos para tapizados. Estas diferencias aportan vida a los interiores y, aunque su efecto es sutil, resultan también de lo más efectivo.

Con frecuencia, la textura es el último elemento de consideración y, sin embargo, puede suponer la diferencia para el éxito, o fracaso, de cualquier esquema. Las combinaciones de texturas que no coordinen, o que sean demasiado similares, pueden crear un ambiente perturbador. Los interiores populares en los años 50, con omnipresentes superficies de plástico y vidrio, resultaban fríos y poco afables hasta el punto de la alienación, en especial cuando se combinaban con colores creados a partir de tintes químicos fuertes.

En la actualidad, una decoración neutra es sinónimo de ambiente natural. El contraste de texturas es el causante de este ambiente, al imitar la diversidad de texturas presentes en la naturaleza. Entre las diferentes texturas disponibles para el decorador de interiores, la madera es una de las más agradecidas. Introduce en una habitación una considerable riqueza de color, textura y estampado, antes de añadir cualquier otro elemento, y aporta calidez y carácter. El modo más sencillo y común de utilizar la madera en una habitación neutra es por medio del mobiliario, que puede variar desde muebles en elegante estilo regencia o victoriano hasta rústico francés, sueco pintado o simples piezas domésticas.

Muchas maderas duras, de las que están hechos la mayoría de los muebles, tienen superficies con variaciones de color y vetas, desde las intricadas curvas del avellano hasta la suave simplicidad y grano fino de la haya o el castaño. Cada madera posee un color, desde el marrón rojizo profundo del palisandro o la caoba hasta el amarillo dorado del arce. Parte de la habilidad de un ebanista radica en crear diseños que destaquen lo mejor del grano, textura y color de la madera, así como en escoger una madera apta para el propósito deseado. Los muebles caros suelen estar hechos de maderas duras y de frutales, tal vez con vetas o taraceas decorativas, mientras que en los muebles rústicos, como mesas y aparadores, predomina el pino u otras maderas blandas baratas.

Gran parte de las maderas sin tratar, como el pino, castaño, olmo y haya, son bastante pálidas, aunque oscurecen con el tiempo en interiores si no reciben algún tipo de protección. Para crear superficies de madera más claras sin perder el carácter de la misma, puede optar por uno de los tintes para madera blancos, en la actualidad muy sofisticados tanto en la calidad del producto como en la gama de colores que ofrecen. La mayoría son de base acuosa, lo que permite teñir la madera con un acabado opaco mate que no oculta las vetas de la madera. Otra alternativa es emplear cera calcárea o cubrir la madera con pintura blanca que más tarde se restriega con un trapo para lograr un efecto envejecido.

Pinturas

La formulación de la pintura varía según el fabricante, por lo que, a la hora de planear un esquema basado en los neutros hay que considerar primero la pintura, ya que el lustre o la ausencia de éste resultarán cruciales en el acabado final. Un temple antiguo (con base de cal) logrará un acabado completamente diferente a un compuesto vinílico sedoso, en especial cuando no hay ningún otro color que desvíe la vista.

Las formulaciones de pintura tradicional poseen un carácter local: la fórmula, y en ocasiones el color, varían según los pigmentos y minerales de que se disponga. Las típicas casas de piedra de Gales y Grecia, aunque muy diferentes en carácter, utilizan la técnica del encalado, excelente para paredes y muros de piedra ya que permite que ésta respire. El resultado es una superficie harinosa, que no oculta la textura de la pared. El encalado se compone de una mezcla a base de cal muerta sin ningún color añadido, aunque sí puede contener pigmentos, en especial los terrosos como el ocre amarillo o la sombra tostada.

Los dos colores de pintura más vendidos en Gran Bretaña son el magnolia y el gardenia, ambos tonos de blanco sucio. El motivo es que proporcionan un ambiente agradable y un excelente telón de fondo para muchos estilos decorativos y de mobiliario diferentes. Además, a muchas personas les agradan por ser más cálidos que el blanco puro, mucho más frío. No obstante, la gama de pinturas en tonos neutros ha aumentado de forma considerable en los últimos años y hay ahora muchas más opciones abiertas para quien desee decorar en neutros.

Al igual que con los colores, los tonos más azulados de blanco parecen más fríos, y los tonos amarillos o rosas más cálidos. Si cree haber hecho una elección incorrecta, no se inquiete: aún está a tiempo de añadir calidez al color modificando la iluminación. Escoja entre bombillas halógenas, fluorescentes, efecto de luz solar, bombillas de bajo voltaje y de color, o inquietantes grupos de velas para crear una variedad de ambientes en una habitación y para suavizar o «caldear» el esquema decorativo según el efecto que se desee crear.

Este primer plano de una despensa revela el auténtico gozo de los neutros: la forma en que la textura juega un papel tan importante, desde el burdo mimbre de la cesta hasta la suave cáscara de los huevos, el lustre transparente de los botes de vidrio y el tacto de papel de las verduras. La luz y la sombra juegan una importante baza al crear esta sensación de textura, realzada por los diferentes tonos de pintura.

Papeles pintados

El papel pintado es la mejor opción si desea dotar a sus paredes de un estampado, diseño, motivo o textura. La textura juega un papel importante en el efecto global, ya utilice un papel grueso en relieve o un fino papel cobertor. Existen innumerables diseños de papel pintado que son más o menos coloridos, con una pequeña variación tonal entre el estampado y el color de fondo. Si el papel pintado liso le parece demasiado severo, este tipo de papel será la solución. Las rayas en crema y blanco dan un aspecto sofisticado sin resultar frías, y son adecuadas para casi todos los ambientes. Los papeles monotonales con diseños simples aportan a las paredes una calidad de textura interesante en tonos neutros sutiles. De igual forma, los papeles pintados con grandes estampados que representan los diseños de telas de damasco suponen el modo ideal de introducir estampado y decoración en un esquema de colores neutros, y resultan especialmente adecuados para las habitaciones formales y elegantes. Las rayas y formas geométricas tienden a ajustarse al estilo moderno mejor que los diseños más recargados, aunque todo depende de la arquitectura de la habitación y del estilo de los elementos decorativos.

Telas

Al hablar de telas, la textura adquiere una nueva dimensión. Existe una gran variedad de tejidos, estampados y materiales para escoger, desde pesados brocados hasta delicadas y finas gasas, desde burdos tejidos de lana hasta sedas resbaladizas. El empleo de un color resalta la textura de la tela, auque mucho depende de las fibras utilizadas en la fabricación así como del peso y brillo del tejido. Entre las telas adecuadas para los esquemas neutros se encuentran las que poseen estampado propio, como el *jacquard*. Los epinglés, de textura similar al tapiz aunque con puntadas más abiertas, son ideales para los esquemas neutros. Los linos naturales sin teñir también obtienen buenos efectos, al igual que los florales pálidos que parecen desgastados por el sol.

Afortunadamente para el decorador del hogar, muchas de las telas neutras sencillas no son caras, ya que se trata del tejido básico sin refinar ni adornar. El calicó, con su aspecto áspero, resistente y mate, es un buen ejemplo. Es una de las telas sin teñir más populares y es especialmente aconsejable para la decoración estival: puede utilizarse para fabricar fundas para muebles tapizados que, de otro modo, resultarían calurosos en verano. Estas fundas pueden retirarse cuando comience a refrescar en otoño. La calidad duradera del calicó y su economía lo han convertido en uno de los favoritos para la decoración de complementos, sobre todo para estores de líneas más arquitectónicas, como los estores lisos, y para cortinas sencillas, drapeadas y forradas. Se han decorado habitaciones enteras con calicó: con cabeceros de cama drapeados, cortinas con guirnalda y fundas para sillas de diseño simple. En combinación con otros tejidos neutros como ropa de

cama en blanco crespo y alfombras de rafia, el calicó crea un ambiente lujoso a la vez que sencillo. Una de las ventajas de utilizar una tela lisa, neutra y barata como ésta es que podrá permitirse comprar más cantidad para los drapeados.

Otras buenas opciones para telas en un esquema neutro son aquellas con un tejido de textura pronunciada, como los linos, *reps* de algodón, diseños de *jacquard* en seda o lana, y lanas y algodones de tejido abierto. Las sedas reaccionan con la luz creando maravillosos efectos de claridad y sombra. El tejido mixto de lino, una mezcla de algodón y lino, constituye una tela de gran resistencia ideal tanto para tapicería como para cortinas, que puede encontrarse en maravillosos colores neutros y naturales con interesantes estampados tejidos o diseños impresos. Los algodones y sedas impresos en combinaciones de color monocromas (grises, blancos, beiges y negros) también encajan en este tipo de interior, así como los algodones bordados en colores pálidos y las sencillas guingas típicas del estilo escandinavo. Una de las innovaciones más recientes es la introducción de telas bordadas a máquina, con frecuencia en blanco o crema sobre fondo beige o pastel. Las habitaciones grandes aceptan estampados textiles más complicados, a la vez que el uso de colgaduras abundantes le dará más libertad respecto al estampado. Evite los estampados demasiado vivos o llamativos para el tamaño de la habitación, o resultarán abrumadores.

La textura juega un papel importante en este esquema neutro, como muestra la mezcla de telas con estampados delicados. Desde los pliegues diáfanos de las cortinas hasta el lustre de las tarimas y la burda superficie del jacquard *utilizado para algunas de las fundas del sofá y las butacas, la textura contribuye a crear interés visual en lo que, de otro modo, sería un esquema uniforme de color.*

Las telas transparentes, en forma de encaje y gasa en tonos blancos, cremas y beiges, son siempre populares, en especial para cortinas, que pueden ir colocadas en las ventanas o en la cama. Las líneas suaves y volátiles de estas telas dan a la habitación un ambiente romántico y, en ocasiones, misterioso. Las muselinas, gasas, encajes confeccionados a máquina y sedas finas se han empleado a lo largo de la historia en forma de visillos o cortinas base, colgados de simples barras y colocados junto a la ventana por detrás de otras cortinas más decoradas. Hoy en día se utilizan de forma independiente como colgaduras para cama, una influencia del imperio colonial y de climas calurosos donde, además, sirven de protección contra los mosquitos. Estas telas finas pueden adquirir carácter si se contrastan con una tela más pesada y elaborada, como algodón estampado, damasco de seda o lino, que aportará una calidad rica y vibrante a la habitación.

Ventanas

Los esquemas de colores neutros funcionan muy bien en casi todas las ventanas, ya que permiten que la atención se centre en la ventana en cuestión. Su mejor virtud es servir de fondo a una ventana de aspecto destacado, igual que un marco puede realzar la pintura de un cuadro. Dependiendo del estilo de la ventana y del ambiente de la habitación, la decoración de ésta puede ser simple o elaborada. Los detalles que no se percibirían en telas con mucho estampado encuentran su mejor expresión en las cortinas y colgaduras de esquemas neutros. Como ejemplo, las cortinas de una habitación neutra con un ambiente contemporáneo podrían llevar tablas o un simple remate de volante, mientras que las de una habitación de época podrían llevar guirnaldas o quizá una galería rematada en ondas o picos de arlequín. Los ribetes adquieren relevancia en un esquema neutro, ya que añaden profundidad, detalle y textura: coloque trenzas a juego a lo largo del cabecero de las cortinas, recoja las caídas con cordón grueso a modo de alzapaños o ribetee el borde visible de las cortinas en un color o estampado diferente. Otra forma de añadir interés es confeccionando cortinas a rayas a partir de tiras de telas que combinen.

Las ventanas de hermosas proporciones, como las elegantes ventanas altas de las casas georgianas, resultan mejor sin ningún tipo de adorno, a excepción de contraventanas de madera o quizá un simple estor en lienzo crespo. Como alternativa, los estores lisos en calicó o los estores London (con un simple mecanismo lateral de recogida) en tejido de algodón fino encajan a la perfección en cualquier ventana más alta que ancha. Los estores enrollables o lisos en ventanas anchas y bajas podrían resultar chocantes.

Una de aplicaciones más populares dadas a las telas neutras ha sido los visillos. El encaje es, por tradición, el alma de estos artículos. Existen, en la actualidad, muchas formas nuevas de acometer el problema de la intimidad en una casa de campo o apartamento sin tener que recurrir a las cortinas de encaje sintético. Elegidos con detenimiento, los visillos se convertirán en una marca de estilo. El organdí, una especie de muselina crespa y tiesa, es otro tejido que puede utilizarse colgado sin pliegues de una barra o en una versión de cortina London traslúcida. Otra opción es colgar de una barra piezas de encaje antiguo que formen frunces.

A la hora de planear el mobiliario para un esquema de colores neutros, hemos de considerar minuciosamente la forma, además del color y la textura. En la mayoría de los esquemas neutros, el énfasis reside en el espacio y la luz, por lo que se ha de asegurar que el efecto global no parezca desordenado o inconexo. Los sofás y butacas grandes tapizados en telas pálidas y con textura funcionan a la perfección combinados con suelos pintados o lijados y encerados. El mobiliario de caña, mimbre o junco, o las sillas, sofás o mesas bajas Lloyd Loom crearán un ambiente informal y relajado, especialmente si se acompañan de una gran cantidad de plantas. En ocasiones, si el ambiente y el estilo de la habitación lo permiten, los elementos decorativos como los cuadros pueden encontrar su mejor expresión con marcos de gran sencillez. Si opta por colores fuertes en forma de pinturas o pósters, asegúrese de que posean el suficiente carácter para justificar la intrusión del color, por ejemplo, colocándolos a poca distancia entre sí o repitiendo sus colores y formas en algún otro punto. De no hacerlo, el cuadro o póster dominará la habitación, lo cual puede ser su intención, en especial si la pintura es el foco de toda la habitación. Si no desea introducir grandes toques de color, puede decorar las paredes con pequeñas acuarelas, grabados, mapas antiguos o fotografías en blanco y negro.

Las flores son otro elemento a tener en cuenta en este tipo de escenario. Grandes cantidades de flores esculturales en un solo color realzarán el tema neutro de la habitación: grandes jarrones de tulipanes blancos o amarillos, quizá, una jarra grande de hortensias blancas o azules pálidas, o un jarrón rosa plateado lleno de rosas blancas o rosa pálido. Los ramos de flores silvestres resultan ideales en una habitación informal decorada en colores neutros o naturales y llena de muebles rústicos. Las habitaciones neutras sofisticadas aceptarán plantas de interior «arquitectónicas» que acentúen las líneas limpias, o grandes jarrones de margaritas o geranios que suavicen el ambiente.

Un esquema neutro proporciona el marco ideal para exhibir esculturas de cualquier tipo, ya que permite centrar la atención en la forma y textura del objeto. No importa si su gusto se inclina hacia formas abstractas o representativas: la escultura ofrecerá su mejor cara colocada contra un fondo liso y sin adornos.

Mobiliario y acabados

Una cocina color crema

Los colores neutros y naturales son el tema de esta cocina grande y luminosa, en la que los tonos cálidos de la madera son el rasgo principal en el suelo, armarios y superficies de trabajo. Demuestra cómo nuestra vista se centra automáticamente en la forma y la textura cuando se elimina el color de un esquema decorativo. Percibimos, por ejemplo, los diferentes colores de la madera y la forma en que discurre la veta. Los detalles cobran importancia y nuestros ojos se desvían hacia todo lo que resalte, ya sea el pequeño armario pintado o los gruesos estores de arpillera de la ventana, es decir, hacia los elementos en los que la textura y la forma, en lugar del color, son el rasgo principal. La forma irregular de la antigua viga de madera situada sobre la ventana destaca tonal y arquitectónicamente sobre la suavidad del resto de la habitación, mientras que su tacto burdo encuentra eco en la textura de los dobleces del estor, cuyo mecanismo de recogida es una cuerda de yute. Es también destacable la naturalidad con la que el estor encaja bajo la viga, descendiendo sin interrupción y sin ningún tipo de remate visible.

La luz juega un papel dominante en este tipo de esquema, ya que es el juego de luces lo que revela las sombras y claridades de las superficies. Durante el día, entra a raudales por las ventanas, mientras que durante la noche los discretos focos colocados en el techo irradian una luz difusa. Teniendo en cuenta que la luz crea ambiente, es importante asegurarse de realizar una buena elección, especialmente en una cocina donde se necesita una iluminación con doble finalidad: luz clara para las zonas de trabajo y una luz más sutil y difusa para las zonas de comedor y esparcimiento.

Una colección de sillas viejas de madera recoge la textura y la sensación de antigüedad de las vigas de madera. Sus distintos contornos proporcionan un contraste de textura y forma frente a los colores más pálidos y líneas simples de los armarios y la mesa. Las galletas de arpillera crema van atadas a las sillas con soga natural: un eco del cordón de yute utilizado para el mecanismo del estor.

En un esquema como éste, incluso los utensilios de cocina merecen especial consideración, manteniéndolos en este caso en el tema neutro. Aunque esto pueda parecer purista, los pequeños toques de colores brillantes desviarían la vista y arruinarían la impresión causada por la habitación. Una de las ventajas de optar por este tipo de esquema para una cocina es que centra el interés en las actividades que tienen lugar en la estancia y en las personas que la utilizan. En muchas casas, las cocinas son el alma del hogar, y podrían imaginarse bajo la perspectiva intimista de una pintura de Vermeer. El color, caso de resultar necesario, puede aparecer en forma de tablón de anuncios para los dibujos de los niños o para postales y etiquetas bonitas, además de para las inevitables notas y papeles presentes en toda vida familiar.

PAGINA SIGUIENTE *Esta pequeña despensa antigua se ha pintado en crema, mientras que la puerta se ha decorado con un diseño de diferentes verduras, en colores naturales. Está pintada a mano, pero se podría lograr un efecto similar con plantillas para estarcidos.*

Los temas de colores neutros resultan excelentes para las cocinas, en particular en aquellas que, como ésta, utilizan madera natural para casi todas las superficies, creando una interacción de textura y color suave. El crema encaja a la perfección en el esquema global, resaltando las antiguas vigas de madera, evocadas en las diferentes formas de las sillas. El contraste de textura viene dado por el estor de arpillera, las galletas y sus cordones de soga. Ningún color fuerte hace mella en este esquema.

Las variaciones sutiles de tonos pálidos son la característica de este elegante comedor estilo escandinavo. Las líneas simples y un esquema monocromático juegan un papel importante en el ambiente diáfano, creando una maravillosa sensación de espacio y claridad. Observe cómo la cornisa en blanco grisáceo define la habitación y destaca la arquitectura. El ambiente Gustaviano emana pureza de líneas, elegancia comedida, colores frescos, y una disposición equilibrada del mobiliario. Esta habitación destila sencillez, pero a veces el efecto logrado está bastante más decorado.

Un comedor estilo escandinavo

PAGINA SIGUIENTE *El peltre posee un aspecto maravilloso. Su lustre gris suave armoniza con muchas combinaciones de color, aunque luce mucho más contra esta estantería con pintura envejecida. Las formas sencillas y macizas combinadas con los reflejos del metal funcionan especialmente bien en un moderado esquema de neutros.*

Este comedor, basado en lo que se conoce como estilo Gustaviano, es elegante y a la vez sencillo. Se centra en la belleza natural de la madera, coloreada de forma delicada en tonos pastel, de forma que puede trasladarse sin problema a casas de campo y de ciudad. A primera vista, la habitación parece monocromática y simple, con un esquema de color mínimo basado en tonos de blanco sucio y gris. Sin embargo, una segunda mirada revela la elegancia de la decoración y la riqueza de detalles delicados, convirtiéndolo en un esquema sereno y sofisticado para un comedor rústico inglés. El punto de partida del esquema ha sido la elegante mesa y sillas escandinavas, pintadas en gris paloma pálido. La decoración de la habitación es rica en texturas y estampados, mientras que las cortinas, fundas de sillas, muebles, colecciones de cristal y peltre, mantelerías y porcelana recogen toda una gama de colores neutros.

El estilo escandinavo gustaviano tuvo origen en el siglo XVIII, durante el reinado del monarca Gustavo III de Suecia, y se caracterizó por una pureza de líneas, suavizada por la aparición de pintura gris perla, azul, crema o blanca. La decisión de pintar todos los elementos decorativos tipifica el estilo escandinavo, tanto como los colores empleados, en especial la pintura de suelos de tarima que contribuye a crear el estilo «limpio». Casi toda la pintura utilizada en Escandinavia contiene cal muerta. Ésta era el agente conservante aplicado a la pintura, tanto en el norte de Europa como en el resto del mundo, antes de la llegada de la química moderna. La cal aporta luminosidad y un aspecto harinoso al efecto logrado, y es ésta sutil combinación de opacidad y lustre lo que crea el acabado final.

Precisamente por ser tan pálido y sutil, hay que tener un cuidado extremo en la composición del resto de la paleta de color. La paleta de los esquemas escandinavos hace uso de azul, gris, ocre, rojo indio y, de forma ocasional, amarillo y viridiana suave. El secreto radica en asegurar que ningún color domine o destaque en exceso sobre los otros; de lo contrario, el efecto se habrá perdido.

Esta paleta de color se aplica a las habitaciones escandinavas que reciben la fría luz del norte, ya que los colores pálidos aumentan la cantidad de luz: una consideración muy importante en un clima donde los días de invierno son extremadamente cortos. La pintura de la madera introduce aún más superficies que reflejen la luz en la estancia, a la vez que dota de un aspecto más elegante a las maderas baratas. Además, la pintura blanca recoge color de la madera que cubre, un proceso logrado añadiendo a la pintura un poco de ocre y rojo indio aclarados. El tono de azul empleado tiene gran importancia: debe contener suficiente amarillo para ser cálido, pero no tanto que tienda hacia el extremo más verde del espectro azul.

Cómo pintar suelos de madera

Existen varias formas de crear suelos de madera de colores pálidos. Todo depende de la superficie existente. Los suelos normales de madera pueden encalarse utilizando cera calcárea, muy efectiva para eliminar, por ejemplo, el aspecto «naranja» de un suelo de pino. Este suelo, que estaba teñido de un color bastante oscuro y tenía un centro más pálido, huella de una alfombra, recibió un simple tratamiento de pátina que conservó intacto el cambio de tono.

necesitará Papel de lija • Barniz acrílico mate transparente • Pigmento blanco • Regla • Cinta adhesiva • Pintura gris paloma

1 Limpie y lije la superficie del suelo para eliminar cualquier resto de grasa.

2 Aplique una o dos capas de una mezcla de barniz acrílico y pigmento blanco, bien diluido en agua, para suavizar las zonas más oscuras y aclararlas.

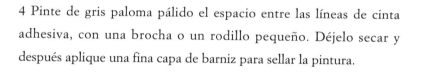

3 Utilice una regla para trazar las líneas sobre el suelo. Utilizando estas marcas como guías, pegue tres líneas de cinta adhesiva, a unos 2,5 cm de separación entre sí y a cierta distancia del rodapié.

4 Pinte de gris paloma pálido el espacio entre las líneas de cinta adhesiva, con una brocha o un rodillo pequeño. Déjelo secar y después aplique una fina capa de barniz para sellar la pintura.

Cortinas con cenefa

La simplicidad es la clave de estas elegantes cortinas bordeadas con la misma tela de *jacquard* en un color de contraste. Confeccione las cortinas forradas del modo habitual y siga estas intrucciones para añadir una cenefa a lo largo de los bordes centrales e inferiores antes de coser el forro. La cenefa ha de estar montada y la esquina del borde inferior, donde se encuentran las dos piezas, ingleteada antes de unir la cenefa a la cortina. Las instrucciones son para una cortina.

necesitará Tela de cortina y forro • Tela de contraste para la cenefa • Hilo de costura

1 Para cada cortina, corte una tira de 20 cm de ancho para el ancho de la cortina más 11,5 cm, y otra de 20 cm de ancho para el largo de la cortina más 11,5 cm. Doble a la mitad las tiras a la larga, con el revés hacia dentro, y planche. A continuación, doble en diagonal un extremo de la tira lateral, de modo que el extremo quede igualado con el doblez planchado; planche y corte a lo largo de este doblez diagonal. Desdoble la tira: debería tener un extremo en forma de V. Haga la misma operación en un extremo de la tira del borde inferior.

2 Con las tiras desdobladas y con el derecho hacia dentro, una el extremo en punta del borde lateral al extremo en punta del borde inferior, dejando 1,5 cm de margen para costuras y deteniendo las puntadas en ambos lados a 1,5 cm del borde. Recorte con cuidado la costura y la esquina con un par de tijeras afiladas y después vuelva la cenefa del derecho. Planche la costura.

3 Con el derecho hacia dentro y los extremos sin rematar igualados, coloque la cenefa sobre la cortina. Haga un corte en el margen de la costura de la cenefa en la esquina ingleteada para que no se levante. Prenda y cosa, dejando 1,5 cm de margen. Avance hacia la esquina en vez de empezar allí. Extienda hacia fuera la tela sobrante de la cenefa.

4 Planche la cenefa de dentro a fuera. A continuación, forre las cortinas del modo habitual, asegurándose de ocultar con el forro los bordes sin rematar que unen la cortina a la cenefa.

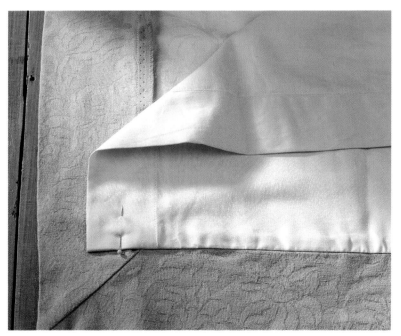

Una sopera de porcelana
Wedgwood ocupa un lugar
privilegiado sobre la mesa.
Aunque el destino inicial de esta
porcelana fuera para el uso de la
servidumbre, su elegante
simplicidad la ha convertido en
un artículo de coleccionista.
Simboliza la pureza de color,
línea y textura, que es el alma de
cualquier esquema neutro.

Cómo introducir luz y textura

PAGINA SIGUIENTE ABAJO *Este
aparador antiguo se ha pintado y
envejecido en un verde grisáceo
oscuro con detalles en crema. Los
platos de peltre gris plateados y
las flores crema con hojas verdes
del jarrón de cristal unifican el
esquema de color.*

Las pinturas de esta habitación han sido escogidas con el propósito de atraer la mayor cantidad de luz y, sin embargo, se trata de tonalidades suaves y terrosas de blanco, en lugar de un blanco brillante. En lugar de pintar la habitación con uno o dos colores, se han utilizado cuatro tonos de crudo para crear interés y ambiente. Las paredes van cubiertas de blanco calcáreo, que posee la misma suavidad que un encalado o temple blanco. Se ha usado blanco sucio para el techo; crudo para los travesaños de las ventanas; y un blanco grisáceo neutro para los rodapiés y los arquitrabes que rodean las ventanas y puertas. Estos cuatro tonos de pintura armonizan muy bien, añaden profundidad y enfoque al esquema de color y crean un efecto sutil simplemente por tener blanco como base, en vez de blanco teñido con un poco de color.

Como continuación del tema escandinavo, también se ha pintado el suelo. Encontrará instrucciones completas para esta tarea en las páginas 72–73. Existen diferentes métodos para pintar suelos y numerosos efectos y acabados. Sin embargo, en un esquema gustaviano, el propósito no es crear una capa opaca de color, sino considerar el suelo como componente del esquema global. En esta habitación, parte del suelo era negra, por lo que fue necesario aplicar un tratamiento que revelara el tinte negro sin que éste se convirtiera en el rasgo dominante.

El lustre, vida y carácter aportado por el suelo aclarado, junto a la luz solar que entra a raudales por la ventana, son los responsables de la gran vitalidad de la habitación. Nunca se hará suficiente hincapié en cuán importante es esta cualidad en la decoración de interiores, sin importar la habilidad en la mezcla de colores, ya que sin ella una habitación resultará insulsa y carente de interés.

Un verde grisáceo pálido actúa como color de contraste, dando a los tonos neutros algo con lo que equipararse. Los bordes de las cortinas llevan cenefas en verde brezo, y este verde también aparece en la raya fina de las fundas de las sillas, en la pantalla de la lámpara situada en la esquina, en la colección de vasos que está colocada en la ventana y en las plantas que llenan el jardín exterior.

No es sólo el color el que crea el ambiente, sino la mezcla de color y textura, y el modo en que la luz refleja, absorbe o actúa sobre el color. Como ya comentamos en las páginas 56–58, la textura no es algo fijo: la percibimos por medio de la luz y la interacción de la luz con ella. Es un elemento clave en la decoración a la hora de elegir y combinar colores.

Como en todos los esquemas neutros, la textura juega un papel importante en el éxito de la decoración de esta habitación. Hay buenas muestras de ello, como la gran variedad de lencería de mesa. Los delicados salvamanteles de algodón blanco y los posavasos de encaje para las copas añaden un toque de blanco a la mesa; los mantelitos de lino beige retoman el color *taupe* de las fundas de las sillas y el modo en que se han colocado crea intrigantes capas de diferentes texturas en la superficie de la mesa. El motivo tallado del lateral de la mesa y la calidad de la pintura pelada contribuyen al efecto. La cubertería y la colección de antiguos platos de peltre aportan una calidad metálica al esquema, además de extender los tonos grises del mobiliario pintado. Las clásicas piezas Wedgwood añaden la textura sofisticada de la porcelana y recrean el color cremoso de las cortinas. La colección de platos de cristal del ventanal introduce diseño, la hilera de vasos de vino antiguos de la ventana más pequeña contiene toques del verde brezo presente en el resto de la habitación, y ambas añaden una textura transparente que aumenta la calidad luminosa del esquema decorativo.

ARRIBA *Esta mesa muestra una variedad sutil de tonos pálidos y capas de diferentes texturas: desde la madera pintada desgastada de la mesa, pasando por los delicados hilos de la lencería bordada en crema y blanco, hasta la suavidad de la plata y el cristal.*

IZQUIERDA *Las flores blancas de estas hortensias, con sus profundos contrastes, colocadas en un simple jarrón color crema demuestran cómo los colores claros reflejan y absorben la luz. Ni siquiera el blanco presenta siempre el mismo tono: varía con la calidad de la luz.*

DERECHA *Una variada colección de copas de vino antiguas en cristal transparente y verde destaca sobre la repisa de una ventana, donde la luz hace gala de las maravillas del cristal. Una colección de platos de cristal colocada sobre la repisa de otra ventana da continuidad al tema (ver página 76).*

Tela

Para mantener la típica calidad escandinava de elegancia comedida y concentrar el esquema en el color y la textura en lugar de en el estampado, se ha elegido un *jacquard* tejido ligero del color del algodón sin teñir. La tela posee la textura del damasco, lo que aporta elegancia a la habitación, mientras que su color cremoso añade calidez. Las cortinas tienen un remate simple y van colgadas de una barra. El bajo y dobladillos interiores están bordeados con una tira ancha de la misma tela en verde brezo (ver páginas 74–75 para las instrucciones). Las caídas tienen un largo generoso, que arrastra sobre el suelo. No hay espacio para una galería u otro remate más orlado. Para compensar esta ausencia de decoración, se ha colocado una colección de platos de cristal antiguos en una ventana y de cristal verde en otra. Las sillas van tapizadas en un terliz con finas rayas en *taupe*, blanco y verde brezo.

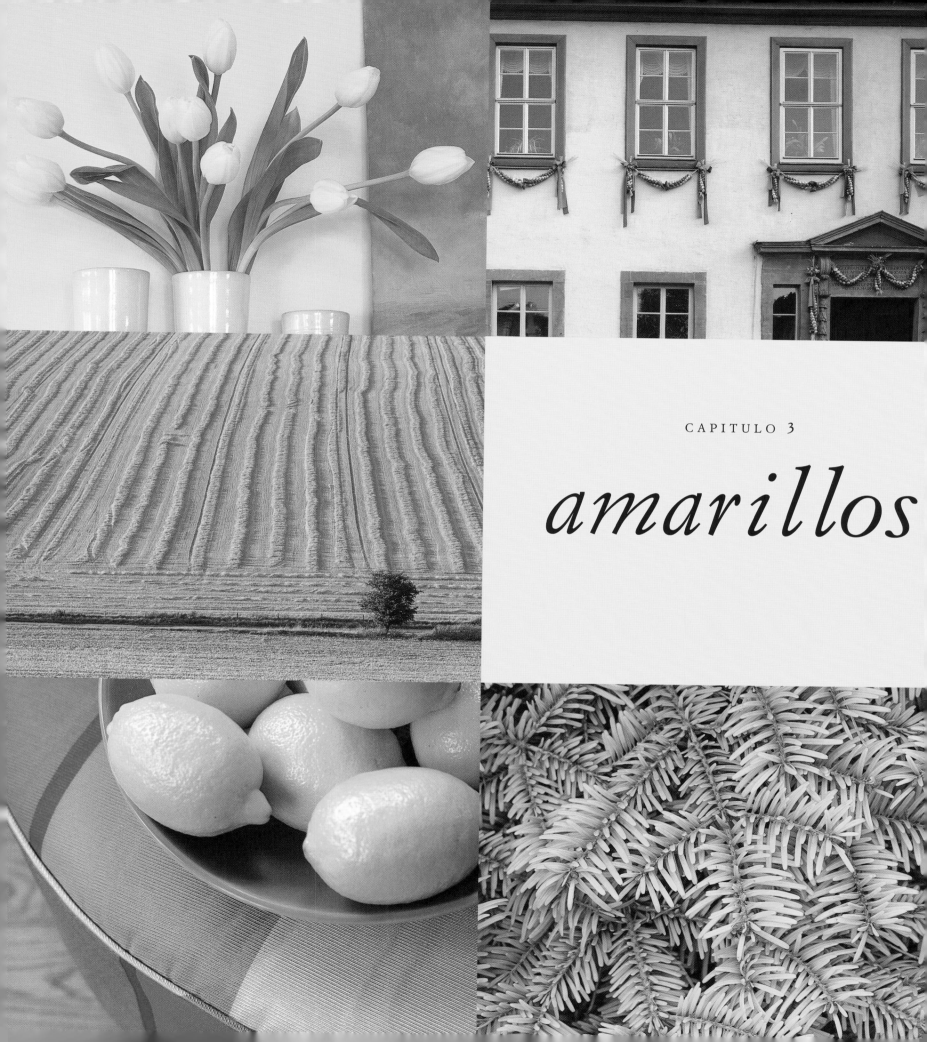

CAPITULO 3

amarillos

El amarillo es uno de los colores más animosos y versátiles para la decoración. Su gama es de lo más variado, desde los más pálidos limones, prímula cálido, mostaza brillante y yema de huevo hasta los ricos ocres terrosos, oros y otras tonalidades orientales exóticas. Puede ser el color de las prímulas pálidas primaverales; de las abuntantes flores estivales como lirios, rosas y girasoles; de los campos de paja, heno y maíz en pleno verano, asociaciones que han hecho de este color todo un éxito para Laura Ashley. O tal vez, puede tratarse de los ricos y desinhibidos amarillos mantequilla y mostaza de la Provenza y el Mediterráneo; de los elegantes oros de los palacios reales; o de los amarillos especiados del azafrán y la cúrcuma.

El amarillo es un color maravilloso. Marcará la transformación en una casa con poca luz solar; añadir un poco de amarillo a una casa fría pintada de blanco aportará un ambiente más acogedor. Si se desea un tratamiento más atrevido, la opción será pintar o empapelar las paredes con amarillos ricos, que bañarán la habitación de luz solar.

Al tratarse de un color vivo tan natural, el amarillo posee la capacidad de sobrecoger y sorprender, cualidad que merece ser explotada. Sin embargo, puede resultar difícil encontrar el tono adecuado para una habitación concreta. El amarillo elegido tal vez sea demasiado severo, demasiado ácido, demasiado frío o demasiado naranja, por lo que es mejor probar sobre una superficie lo más grande posible antes de cometer ningún error. Es posible mezclar amarillo con otros colores: prímula combinado con zafiro es una excelente combinación de Laura Ashley. Aumente el impacto introduciendo algunas combinaciones de color atrevidas como azul porcelana vivo o escarlata que, usados con un amarillo yema de huevo de igual saturación, componen un esquema cálido muy vibrante; o consiga el mismo efecto en un esquema pálido con azules suaves, blancos o grises.

Teniendo en cuenta que el amarillo es uno de los colores del sol, es importante considerar su contribución al esquema global. El color existente de cualquier esquema se verá modificado de forma sutil, e incluso sustancial, por el tono de la luz que lo ilumina, ya sea artificial o natural. Esto significa que, para compensar una fría luz natural azul, no sólo habrá que utilizar tonos de amarillo cálido en la pintura y telas, sino también emplear luz amarillenta.

Asociaciones históricas

El amarillo no fue un color muy utilizado por los decoradores de interiores en el pasado, a pesar de ser el favorito de artistas como Van Gogh, Monet y el Grupo de Bloomsbury, a quienes atraían sus cualidades sorprendentes y sobrecogedoras. Estaba, por el contrario, asociado a la realeza: los emperadores orientales adoraban el amarillo chino, mientras que un tono más oscuro era el preferido de Luis XIV de Francia, el rey sol. La asociación del amarillo con el oro lo ha hecho parecer rico y exótico. Hasta 1820, cuando se fabricó por primera vez a bajo costo un amarillo cromo más ácido, la mayoría de los amarillos estaban basados en pigmentos de tierra de ocre amarillo y siena, presentes en diferentes partes del mundo.

Una de las aplicaciones de amarillo más atrevidas puede contemplarse en la sala de la casa de Sir John Soane en Lincoln's Inn Fields, Londres. Está basada en un empleo casi absoluto de amarillo cromo vivo para la pintura y telas. Sorprendentemente, el contraste al amarillo lo proporciona un carmesí profundo, utilizado para realzar las cortinas de seda y rematar el tapizado. La elección es muy inteligente, ya que el rojo suaviza la acidez del amarillo y lo hace más vibrante.

Los entusiastas más modernos de la decoración con amarillo han sido pintores como Monet en su casa de Giverny, Francia, y Duncan Grant y Vanessa Bell en Charleston, East Sussex. El famoso comedor todo amarillo de Monet en Giverny, emplea un azul medio vivo como contraste para la tela y cerámica. Duncan Grant utilizó amarillo en Charleston. Uno de sus diseños de los años 30, la tela *Grapes* en amarillo prímula y gris pálido (relanzada por Laura Ashley en 1987) cuelga en la galería. Un amarillo más cálido se usó como color de fondo del estilo rústico inglés en la segunda mitad del siglo XX, empleando varios tonos del mismo matiz para crear una sensación de reflexión y vida. El amarillo también fue popular en los años 50 y 60, cuando estaban de moda los colores primarios.

La sala de la casa de Sir John Soane en Londres es un perfecto ejemplo del amarillo empleado con atrevimiento. Un maravilloso amarillo cromo vivo cubre las paredes y las cortinas de seda, realzadas en carmesí profundo. El amarillo constituye un contraste brillante para el mobiliario de madera oscura. Incluso el suelo entarimado posee un fuerte tinte amarillento, sin duda reflejo del amarillo del resto de la habitación.

Amarillo limón

Los tonos severos, claros, ligeramente ácidos de amarillo limón pueden resultar espléndidos en habitaciones modernas, grandes y soleadas, acompañados de telas naturales como algodones o tejidos rústicos. La seda consigue igual esplendor en ambientes más formales y elegantes. El amarillo limón puede combinarse con acierto con un verde lima y blanco, o contrastarse con un azul cálido profundo que neutralice la acidez y dé al esquema un aspecto más suave y amable. En un esquema floral, puede combinarse con otros colores claros, como azules, verdes o melocotones, para crear un ambiente rústico moderno, acompañándolo quizá de muebles aclarados y suelos lijados. Históricamente, el amarillo limón gozó de gran popularidad con el estilo Imperio y de nuevo en el siglo XIX (ver sala de Sir John Soane en la página 83). En épocas más recientes, se ha combinado, en un tono prímula más cálido, con gris pálido que, al igual que el azul, tiende a eliminar la acidez pero que, a diferencia del azul, irradia un esquema más fresco. También se ha empleado color sorbete, con frecuencia acompañado de verde pistacho y rosa ardiente.

Amarillo mantecoso

Los amarillos más cálidos y mantecosos –con nombres como amarillos prímula, paja, ranúnculo o girasol– son muy versátiles y de ambiente sencillo. Son los colores ideales para los estampados rústicos, y crean una maravillosa sensación de relajación ya que evocan los suaves rayos de sol de un templado día de primavera o, en tonos más vibrantes, el calor de la Provenza. Estos amarillos tienden a realzar casi cualquier espacio, ya se trate de una cocina, cuarto de baño, comedor o dormitorio. Son particularmente efectivos para las paredes y armonizan con una gran gama de colores, como azules claros, rojos borgoña profundos y verdes de tono medio. Combinados con blanco, son resueltos y crespos.

Ocre amarillo

Sorprendentemente, este amarillo terroso apagado es también un color decorativo versátil. Posee una paleta similar a la de los amarillos mantecosos, pero su influencia emana de los colores de Oriente, como el azafrán, cúrcuma, mostaza y ocre. Su deslustre proporciona un excelente contraste para los matices más vivos como el turquesa, rojo indio, azul eléctrico e incluso algunos tonos de rosa. El amarillo ocre es especialmente valioso para conseguir efectos envejecidos en pintura. Aparece con frecuencia en los diseños de baldosas y azulejos persas, combinado con azul cobalto y rojo indio. También se emplea en Europa, en forma de pigmentos de tierra como ocre y siena.

Oro

Se trata de uno de los colores de realce más populares utilizado en las artes decorativas. La razón es que realza todo tipo de esquemas, ya sea en forma de dorado en

El contorno curvo de la
porcelana fina contrasta con las
henchidas formas de los
tulipanes naranja y oro. Los
platos decorados del fondo sirven
de unión para la forma y color de
las flores y la porcelana.

marcos de espejos y cuadros, como bordes y molduras, artículos de bronce, o en el mobiliario lacado del período Luis XIV. El oro y el oro viejo apagado pueden utilizarse también en telas, como las creadas por Fortuny, terciopelos genoveses y damascos venecianos. El oro añade un toque de elegancia a cualquier habitación, pero debe aplicarse con cuidado para asegurar que el efecto sea distinguido. Combinado con colores ricos y profundos como rojo, morado, verde profundo y azul profundo, el oro posee una apariencia muy real, reminiscencia de los palacios del exótico Oriente.

Amarillo-anaranjado

Este color varía desde el más pálido melocotón pastel, pasando por amarillo mermelada, hasta el naranja primario vivo. Estos tonos pueden ser sutiles, pálidos o suaves, añadiendo tan sólo una nota de calidez a una base blanca, o pueden ser estridentes, colores fuertes que exigen atención. Las tonalidades de melocotón suave son muy fáciles de incorporar y combinan bien con azules, verdes y grises, logrando un excelente telón de fondo para la pátina y profundidad de color de cualquier madera con tonos rojizos.

Textura

La textura juega un papel importante en los esquemas de color amarillos, ya que la interacción de luces y sombras sobre los diferentes tonos crea efectos espectaculares: pueden emplearse texturas mates o efectos pictóricos, como la pátina, esponjado o punteado sobre otros colores. Aplicado en forma de barniz transparente, con pinturas acrílicas o al aceite, sobre un fondo blanco, el efecto será luminoso, vivo y fresco. Aplicado sobre un tono más oscuro, como beige oscuro o marrón claro, el efecto será profundo y cálido, aportando vida al color de fondo (una técnica habitual en la Toscana). El ambiente ganará aún más si se eligen neutros pálidos para las telas, con toques de color más ricos y vivos, tal vez terracotas y azules medios, como contraste. Los amarillos vivos pueden acompañar a colores más sobrios para realzar detalles: arquitrabes, marcos de ventanas, líneas de zócalo, raíles para cuadros y cornisas. Las paredes pueden dividirse y pintar una parte en amarillo vivo liso, mientras que la parte superior, por encima de una línea de zócalo, se empapela en cuadros o rayas amarillas y blancas, por ejemplo.

El amarillo vivo y luminoso luce más en superficies reflectantes. No supone problema en las paredes, pero ha de aplicarse con cuidado al mobiliario. Los muebles pintados en ocre amarillo envejecido resultan espléndidos, especialmente si los bordes van realzados en rojo profundo

El amarillo puede ser cálido o frío. Aquí, las paredes llevan una pátina ocre, mientras que las cortinas portan un diseño en melocotón sobre fondo amarillo.

o verde oliva. El oro da la bienvenida a todo tipo de texturas brillantes y sedosas. Los cordoncillos, espejos y cuadros con marcos dorados y muebles con toques del preciado metal aportan un «toque de clase» y de ornamentación a la estancia. Los acabados dorados deben distribuirse de forma reflexiva, ya que en ocasiones pueden llegar a resultar abrumadores. Logran mayor efecto si se utilizan de forma aislada o en lugares sorprendentes. Un elemento grande y dorado colocado en una habitación sencilla resultará muy aparente y estiloso, sobre todo si se contrasta con telas lisas, muebles simples y madera clara encerada.

Un fresco amarillo cítrico cubre estas paredes. La tela del sofá, estampada en verde y terracota, no contiene nada de amarillo. La armonía de colores, en lugar de su repetición servil, logra un ambiente relajado y casero.

Si desea un ambiente rico y opulento, elija sedas, damascos, brocados y terciopelos en los tonos más dorados de amarillo; para un aspecto fresco y estival, opte por algodones amarillos en reps, lonas y batistas. El amarillo es uno de los colores más populares en el diseño textil del Extremo Oriente, siendo un color habitual en los saris. Por ello, es más que recomendable mirar en tiendas étnicas en busca de sedas amarillas.

Los muebles y objetos decorativos también pueden aportar un tema amarillo con textura a la habitación. Los muebles de caña, cestas y sombreros de paja y baldosas de amarillo esmaltado no son más que algunos ejemplos excepcionales.

Telas

El amarillo es un color especialmente apropiado para telas, sobre todo como fondo para otros estampados o como color de realce para diseños florales. Junto al rosa, es uno de los motivos cromáticos más populares en estampados florales de todo tipo. Existe una extensa gama de estampados amarillos, desde pequeños ramilletes rústicos hasta diseños de grandes rosas henchidas, en su mayoría combinados con verde y azul. El algodón provenzal utiliza espléndidos estampados geométricos y florales en amarillos ricos, mezclados con azules vivos y rojos profundos, logrando un efecto sofisticado. Con frecuencia, estas telas impresas no contienen nada de blanco, y es esta profundidad de color, combinada con amarillo, la responsable de su encanto e intensidad característicos.

Los diseños florales de estilo rústico inglés están a la venta en una gran variedad de estampados, con pájaros, insectos o flores. Contienen a menudo tonos apagados de oro y amarillo, combinados con verdes medios, azules y rosas. El efecto es particularmente agradable cuando los colores se suavizan o aparentan estar desgastados por el sol o el uso.

A la hora de elegir una tela, la profundidad de color del amarillo juega una baza más que importante. Para el extremo dorado del espectro, opte por damascos, brocados,

PAGINA SIGUIENTE *El amarillo prímula armoniza a la perfección con el azul batista en esta sala, en la que abundan las cretonas florales amarillas. El blanco, utilizado para las paredes de tablillas, contribuye a animar el esquema y aporta una sensación luminosa: una alternativa interesante a la decoración tradicional, en la que las tablas suelen ser oscuras y los muebles pálidos. El edredón de* patchwork *de la pared actúa como un original telón de fondo.*

sedas y terciopelos opulentos, utilizados principalmente por sus cualidades reflectantes y luminosas. Por el contrario, los amarillos más alimonados requerirán telas sencillas y naturales, como linos y algodones, que realcen los atributos de estos tonos. Los amarillos más ácidos, con gran cantidad de verde, se prestan a telas limpias y crespas: algodones recios o cretonas con brillo, por ejemplo. El amarillo y blanco componen una buena combinación en guingas, algodones a rayas, lonas y lienzos, mientras que los amarillos, ciruelas y azules profundos combinan bien con estampados florales que no contengan blanco. Los amarillos y verdes logran estampados florales frescos y luminosos. El oro viejo y rojo rubí se emplean en muchas telas y estampados exóticos del Extremo Oriente; los diseños turcos y musulmanes combinan azafrán y azul cobalto.

El amarillo proporciona un contraste más interesante que el blanco para los colores profundos. En pequeñas cantidades, puede animar un esquema basado en estos colores. Los cojines, alzapaños, cordoncillos y canutillos en amarillos mantecosos vivos funcionan especialmente bien con azules y verdes profundos. En esquemas fuertes, es posible contrastar estos colores con carmesí en telas estampadas y tejidas. Si se persigue un ambiente renacentista, la opción será mezclar amarillo con terracota sobre fondos con realce, como damascos o brocados. Los cordoncillos y borlas dorados pueden transformar unas cortinas en algo más sofisticado, del mismo modo que dorar una barra de cortina (ver páginas 186–187), los bordes de un mueble, un pie de lámpara o un marco de fotos.

Detalles decorativos amarillos

El amarillo es uno de los colores más fuertes existentes en la naturaleza y el preferido por las plantas para atraer insectos que las polinicen. Las flores amarillas destacan en cualquier habitación, ya se trate de grandes ramos de flores primaverales, como narcisos o tulipanes, o de las formas más arquitectónicas de los girasoles, tan amados por Van Gogh, cuya devoción por el amarillo no tenía parangón. Una alternativa a las flores son los cuencos de frutas amarillas. Mezcle limones y limas para obtener contraste, llene un cuenco de madera con peras de color miel o, en una habitación más contemporánea, coloque frutas exóticas amarillas con formas inusuales. Una sala de estar estilo rústico podría albergar una colección de platos con bordes en amarillo vivo y estampados florales en el centro. Una cocina amarilla sería el lugar ideal para situar cerámica mediterránea rústica esmaltada en amarillo.

Las paredes y telas pueden recibir tratamientos de estampación o estarcidos (ver página 199), quizá con oro sobre blanco, azul marino o carmesí. Otra idea brillante es cubrir toda una pared con un edredón de *patchwork* predominantemente amarillo, o exponer una colección de cuadros amarillos con un tema común.

Esta habitación luminosa y bien proporcionada, situada en un granero reconvertido, posee una abundancia de rasgos arquitectónicos interesantes: vigas a la vista, un espléndido suelo entarimado y el regalo de un hermoso entorno. Un esquema decorativo simple como éste, con superficies de color liso, ayuda a centrar el interés en la riqueza arquitectónica al tiempo que mantiene la sensación de luz y espacio.

Una sala amarilla y blanca

PAGINA SIGUIENTE *La fotografía muestra el canutillo amarillo yema de huevo de los brazos y cojines del sofá. Supone un contraste sutil excelente frente a la tela cruda. El tema amarillo se retoma en uno de los cojines pintados, con un estampado que incorpora, además, azul, verde y un borde con canutillo azul. Un cojín verde liso logra destacar al máximo el diseño.*

Una habitación grande y luminosa es siempre una delicia para el decorador, suponiendo que se tienen en cuenta los rasgos decorativos y se crea un esquema que los realce en lugar de renegar de ellos. Ésta es una habitación situada en un granero reconvertido en la costa de East Anglia, decorada para la relajada simplicidad de un retiro familiar de fin de semana. Las ventanas tienen vistas al mar, convirtiéndola en una habitación ideal para la vida estival.

El amarillo dota a la estancia de calidez, mientras que el blanco crea luminosidad. Los colores aparecen en forma de superficies lisas para realzar la modernidad del granero. El único estampado se encuentra en el terliz a rayas de una butaca y los cojines y cortinas pintados. Fueron pintados a mano con un diseño simple, casi abstracto que amplía el ambiente contemporáneo de la habitación.

El uso de amarillo prímula pálido y blanco, con toques de azules cielo y verdes mar, acentúa la atmósfera luminosa y diáfana de esta estancia costera. La madera aclarada de los suelos y vigas requiere un esquema decorativo simple que permita apreciar su belleza natural, textura y tono. El efecto de conjunto es similar al aspecto de la madera de deriva, muy adecuado para una casa situada tan cerca del mar.

La elección de amarillo para las paredes contribuye al toque cálido, reforzado por la textura y consistencia de la pintura. Una pintura lisa y densa que absorba la luz contrarrestará toda sensación fría, al tiempo que emanará calor. Las paredes amarillas son una elección inspirada: ofrecen la simplicidad y sencillez del blanco o crudo, reduciendo la luminosidad de otro modo presente e inevitable en una habitación grande con tanto cristal.

El crudo ha sido el color elegido para el elemento de mobiliario más grande de la habitación: un tradicional sofá de tres plazas realzado con canutillo amarillo. Este contraste sutil y comedido funciona extremadamente bien y constituye una idea que bien merece implantarse en el hogar. El canutillo proporciona el contorno necesario sin resultar demasiado prominente, añadiendo forma escultural sin distraer la vista de su estructura global. Los colores de contraste, verde mar y azul cielo, aparecen en las pinturas utilizadas en las cortinas y cojines, el canutillo de contraste y en las superficies de color de las dos sillas y cojines lisos.

Los tejidos con textura en colores lisos y las rayas geométricas contribuyen a crear el ambiente contemporáneo y relajado de esta habitación. Los cojines y los bordes interiores de las cortinas van pintados. El calicó, en ocasiones usado para forros, es una tela barata ideal para la pintura, al ser lo bastante densa para hacer las veces del lienzo del artista. Otra alternativa es el grueso algodón indio que hemos utilizado aquí. La

PAGINA SIGUIENTE *El otro extremo de la misma habitación amarilla revela un inesperado color profundo, un cálido azul, pintado sobre una pared curva que continúa la línea del pasillo. A pesar de que la estancia no necesita este contraste, no resulta nada despreciable, y supone una excelente idea para habitaciones en forma de L o con un hueco grande. Asegúrese de que el color de contraste armoniza con la decoración de toda la habitación, o de lo contrario el efecto podría resultar chillón. Las superficies de color de contraste funcionan bien con la colocación de la silla verde contra la pared azul y la butaca amarilla con dos cojines, uno en azul y otro en verde.*

DERECHA *El mobiliario de madera encaja de maravilla en este sencillo esquema decorativo. Las líneas modernas y limpias de la mesa se hacen eco del estilo arquitectónico de la habitación. Cuando resulte difícil combinar los muebles con el esquema de color, opte por pintarlos: los elementos baratos pintados de colores adecuados pueden armonizar con cualquier esquema.*

decoración de los cojines puede realizarse con pintura en emulsión o acrílica de artista. No hace falta tener el talento de Picasso para lograr resultados realmente buenos, siempre que se elija un motivo sencillo y un diseño de repeticiones. Las instrucciones para pintar los cojines aparecen en las páginas 96–97.

Si desea experimentar con el esquema de color, invierta sus rasgos principales: por ejemplo, pinte las paredes de verde o azul, con un hueco amarillo (ver página siguiente), empleando una tela amarilla y blanca, o azul y blanca. Una paleta simple de cuatro colores, de los cuales dos actúan como elementos principales y dos como fondo, es una buena base para un esquema decorativo. Si los colores poseen un tono similar, como ocurre aquí a excepción del blanco, aportarán una sensación de uniformidad y tranquilidad. Un contraste total creará una impresión más fuerte y dramática.

Cómo pintar los cojines

La tela puede pintarse del mismo modo que cualquier otra superficie. Sin embargo, para evitar que la pintura se corra, es recomendable dar apresto a la tela con una capa de APV diluido. Emplee pinturas para tela, pinturas acrílicas o pintura en emulsión normal, todas ellas lavables. Lave la tela a mano y no la retuerza o centrifugue. Utilice cualquier diseño sencillo que sea de su agrado: rayas, líneas curvas, círculos, triángulos o manchas. No es necesario que la pintura se adhiera a la tela de manera uniforme; parte del encanto de este diseño es su irregularidad.

necesitará

Tela (las fibras naturales y los colores claros son los más sencillos) • Tela de contraste, para los canutillos • Cordón para los canutillos • Cremallera, 5 cm menor que el tamaño del cojín • APV (opcional) • Pinturas para tela, pinturas acrílicas o pintura en emulsión • Relleno de cojín • Máquina de coser con accesorio para cremallera

1 Extienda la tela sobre una superficie resistente al agua y ténsela, señalando con cinta adhesiva la zona reservada para el dibujo. Comience a componer el diseño utilizando pinturas acrílicas y un pincel de tamaño medio. Resulta más efectivo trabajar a pulso; practique primero sobre una tela sobrante si desconfía de sus habilidades pictóricas.

2 Utilice un pincel diferente para cada color y termine de pintar un color antes de comenzar con el siguiente. Deje secar el primer color por completo antes de aplicar el segundo, sobre todo si los paneles de color van a estar en contacto. Esto evita que los colores se invadan unos a otros. Si emplea pinturas para tela, aplíquelas según las instrucciones del fabricante.

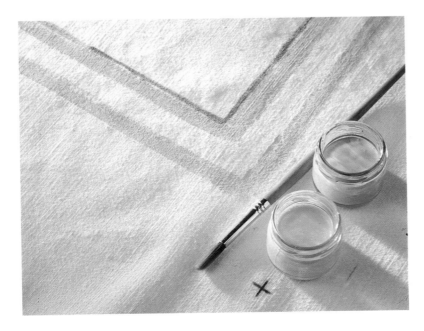

3 Corte la parte delantera y trasera de los cojines, dejando 1,5 cm de margen para costuras. Corte al biés tiras de tela verde de 5 cm de ancho, y únalas con costuras diagonales hasta que abarquen la circunferencia del cojín. Rodee el cordón de canutillo con las tiras y cosa a máquina muy cerca del mismo. Coloque el canutillo sobre la línea de costura del delantero del cojín, con las costuras del canutillo hacia fuera. Cosa. Haga un corte en la tela sobrante de las esquinas del canutillo, para evitar que tire.

4 Coloque la cremallera abierta, boca abajo, sobre el canutillo del borde inferior del delantero y alinee los dientes con las puntadas. Meta hacia dentro. Cosa sobre la cinta y el margen del canutillo, a 3 mm de los dientes. Doble hacia dentro los márgenes para costuras y cierre la cremallera, de modo que el canutillo oculte la cremallera. Cosa a 6 mm del borde doblado. Cosa los dos extremos de la cremallera al canutillo. Con el derecho hacia dentro y la cremallera abierta, cosa las dos partes del cojín. Recorte las esquinas, vuélvalo del derecho y planche.

Este dormitorio se ha pintado en cuatro tonos de amarillo para crear una sutil interacción de luces y sombras que enfatice su arquitectura caprichosa. Una colección de sombreros de paja continúa el tema amarillo. Los toques de verdes, marrones, azules suaves y ocres dominan el edredón y la faldilla, mientras que el realce de las sábanas se ha preferido en amarillo ocre y azul turquesa polvoriento. El espejo y pie de lámpara dorados aportan un brillo adicional a la habitación.

Un dormitorio amarillo

Este dormitorio grande y cuadrado ha recibido un esquema de color casi completamente amarillo, aunque con una diferencia: lo que a primera vista puede parecer un amarillo es, en realidad, varios tonos de un matiz. Las tonalidades de amarillo elegidas son particularmente sutiles y muy cálidas, creadas a partir de un suave tono terroso de ocre amarillo mezclado con blanco, que logra interés y aporta luces y sombras a la habitación. El sencillo esquema de color recuerda el ambiente *shaker*, aunque caldeado por los estampados del edredón de la cama, el hermoso lino floral de la faldilla, y la rica variedad de texturas, que incluye pino viejo, mimbre, paja, rafia y la pintura crema cuarteada del cabecero y pie de la cama. Las cortinas de gasa blanca con pequeños ramilletes y el estor a cuadros amarillos contribuyen a la frescura y feminidad del ambiente.

La simplicidad es la nota clave de este esquema, que enfatiza el interés arquitectónico de los techos inclinados. El efecto es cálido y claro, muy apropiado para un dormitorio como éste, con ventanas pequeñas y luz solar amarilla.

Se eligieron cuatro tonos de amarillo del archivo nacional de colores National Trust: tres tonalidades de amarillo para las paredes, un amarillo pálido para el rodapié y un crema para el techo. Los cuatro tonos son: un amarillo heno de principios del siglo XIX, vivo pero no excesivamente ardiente; un paja vivo; un color caña terroso vivo originado en Italia; y el amarillo empleado por John Fowler para la escalera de Sudbury Hall, en Derbyshire. Cada pared recibió un tono diferente, logrando un maravilloso efecto tonal de los diversos amarillos. Estos amarillos ligeramente terrosos, apagados y polvorientos combinan a la perfección con el lino de la habitación, y resultan ideales en casas de campo viejas.

La calidad y la textura son extremadamente importantes en un esquema de pintura simple como éste, ya que el modo en que refleje o absorba la luz afectará al color y calidez de toda la habitación. La pintura debe elegirse de forma reflexiva. En esta habitación, se prefirieron pinturas con la textura del temple a las acrílicas con brillo. Estas pinturas mates resultan muy efectivas sobre superficies de yeso viejo. Así pues, merece la pena emplear un poco más de tiempo y dinero escogiendo, no sólo el color de la pintura, sino también el tipo adecuado para el trabajo. Haga siempre una pequeña prueba en una esquina de la pared para comprobar que tanto el color como el acabado son de su agrado.

Es posible añadir un poco más de decoración a este tipo de esquema, en forma de un sutil diseño estampado sobre las paredes, tal vez en un azul o verde polvorientos. Resultará muy efectivo siempre que no altere la sencillez del aspecto rústico. Cuídese, no obstante, de no utilizar demasiado estampado si lo que persigue es centrar la atención en los detalles arquitectónicos.

Telas

Un elemento importante de esta habitación es el magnífico edredón hecho a mano. La cachemira de la parte superior contiene una mezcla de amarillos, beiges, marrones, blancos y grises, que contrasta con los lisos y las rayas de la parte inferior en una gama de colores complementarios. En ocasiones, los edredones antiguos se confeccionaban aprovechando las telas sobrantes de las camisas de hombre. Algunos edredones de Inglaterra y Gales se hacían con telas de vestidos victorianos, cuyos diseños han pasado a ser una fuente de inspiración actual. Los edredones son maravillosas reliquias familiares. Un edredón antiguo como éste puede servir de punto de partida a todo un esquema decorativo, eligiendo un par de colores clave para las paredes y cortinas. En la actualidad, es posible confeccionar a máquina este tipo de edredón, utilizando una combinación de rayas y cuadros. Muchos de estos edredones antiguos tenían un lado liso y otro estampado, y se guateaban con diseños enrevesados, algunos de los cuales eran tradicionales y habían pasado de generación en generación. Existen numerosos libros informativos referentes al tema. A la hora de confeccionar un edredón de este tipo, decida entre colores tonales o de contraste y planee el diseño de forma consecuente. Evite combinar colores vivos y sutiles, ya que los vivos destacarían demasiado y arruinarían la naturaleza uniforme del edredón.

Las otras telas de la habitación incluyen la faldilla de la cama en lino floral, que retoma los oros y cremas del resto de la estancia, y también aparece en forma de cojín sobre la silla de madera antigua. El estor en cuadros prímula continúa el tema amarillo y las cortinas de gasa blanca aportan claridad y un toque suave y fresco.

IZQUIERDA *La combinación de dos tipos de tela diferente en las ventanas añade interés y textura al esquema decorativo. Las cortinas de gasa van colgadas con anillas de madera de una barra pintada de amarillo. Unos lazos pequeños unen las anillas al remate de las cortinas. La gasa es el elemento decorativo y el estor es la cubierta real: una inversión de la práctica habitual.*

DERECHA *Una colección de sombreros de paja enfatiza los elementos tonales de esta habitación y sirve de contraste a la superficie color paja de las paredes. Los colgadores son de madera, lo que añade aún más textura a la habitación.*

Lencería con realce

Esta sencilla técnica es la forma ideal de añadir interés a la lencería de cama blanca. Consiste en ribetear el borde de la sábana superior y de los almohadones con una cinta o lazo en colores tonales o de contraste. Aquí, hemos utilizado lazos y cinta de algodón amarillo y verde con el fin de retomar los colores de la habitación. Asegúrese de que el lazo y la cinta no destiñan y sean compatibles con las sábanas en cuestión de lavado. Antes de comenzar, lave el lazo o la cinta con el fin de que encojan.

necesitará

Para las fundas de almohada

Para cada funda: cinta de algodón verde de 1,5 cm de ancho • cinta de algodón amarillo de 1,5 cm de ancho • Hilos de coser del mismo tono

Para las sábanas

Para cada sábana: lazo verde y amarillo de 3 cm de ancho • lazo amarillo de 3,5 cm de ancho • Hilos de coser del mismo tono

Fundas de almohada

1 Trace una línea a unos 5 cm de los cuatro bordes de la funda y prenda la cinta a lo largo de la misma. Sitúe la cinta sobre el borde interior del vuelo. Cosa a lo largo del borde interior de la cinta. Para ingletear las esquinas, doble la cinta sobre sí misma y cosa en diagonal entre las esquinas interior y exterior. Remate la costura diagonal, dejando un margen estrecho. Doble la cinta en ángulo recto a la posición anterior, prenda y cosa el siguiente borde. Repita la operación en los otros tres bordes.

2 A continuación, coloque la cinta verde por debajo del borde exterior de la cinta amarilla, ingleteando nuevamente las esquinas. Prenda y cosa con hilo amarillo, atravesando las cintas verde y amarilla. Ahora prenda y cosa con hilo verde el borde exterior de la cinta verde. Ate los extremos de las hebras y remate, asegurándose de no dejar ningún cabo suelto.

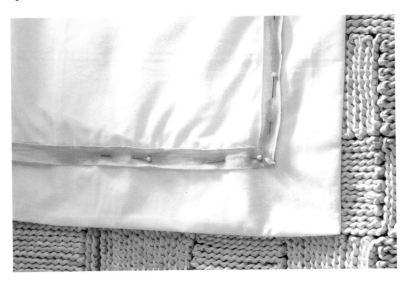

Sábana

1 Haga un doblez a lo largo del lazo amarillo, dejando un lado un poco más ancho que el otro. Coloque el lazo doblado sobre el borde de la sábana, con la parte más ancha hacia el revés. Cosa, teniendo cuidado de que el doblez del lazo esté en contacto con el borde de la sábana, y asegurándose de que las puntadas atraviesen la sábana y las dos capas de lazo. Mantenga el lazo y la sábana tensos para evitar que se frunzan. Doble hacia dentro los extremos del lazo y remate.

2 Con la ayuda de un lápiz y una regla, trace una línea a unos 6,5 cm del remate. Prenda y cosa un borde del lazo amarillo y verde a lo largo de ella, doblando hacia dentro los dos extremos. A continuación, cosa el otro borde del lazo, avanzando en la misma dirección de antes para mantener el lazo tenso y evitar la formación de arrugas. Ate los extremos de las hebras y remate, asegurándose de no dejar ningún cabo suelto.

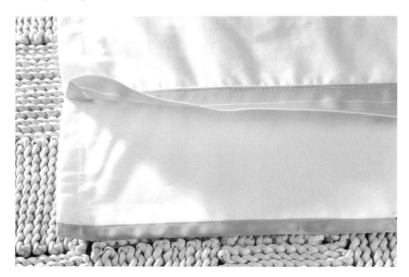

AMARILLOS

ABAJO *Una colección de maletas de mimbre viejas se hace eco del color de las paredes. A la hora de buscar elementos decorativos especiales que creen ambiente en una habitación, no es necesario ser preciso o formalista. Una colección de maletas, sombrereras o cestas apiladas en una esquina, colocadas sobre una cómoda o colgadas de ganchos de madera resultará espléndida en un decorado rústico como éste.*

ABAJO DERECHA *Varios estampados se dan cita en esta habitación. El edredón, con su mezcla de flores, cachemira y rayas, contiene una gran variedad de ellos. La faldilla de la cama está confeccionada con un tradicional estampado floral en lino, en el mismo amarillo suave de las paredes. La combinación de estampados logra resultados excelentes siempre que se cuente con elementos de cohesión que sirvan de vínculo al esquema, tales como el tamaño, estilo o colores de los diseños.*

IZQUIERDA *El atractivo mobiliario de madera de esta habitación es de pino viejo, con algo de mimbre y caña, complemento perfecto para el estilo rústico. Esta hermosa silla con asiento de caña armoniza a la perfección con el amarillo cálido de las paredes. Las cortinas de gasa, en contraste con las paredes lisas, aportan una exquisita calidad de transparencia.*

DERECHA *La introducción del naranja vivo en la pantalla de la lámpara y el arreglo floral contribuyen a avivar el esquema de color de este dormitorio. El dorado del espejo y el pie de la lámpara retoman el tema amarillo, aunque con una textura diferente, esta vez de forma más elegante. El verde vivo satinado de las hojas del ramo supone un contraste llamativo junto al naranja de los crisantemos.*

CAPITULO 4

verdes

El verde es uno de los colores más versátiles para la decoración, como bien demuestra su presencia en la naturaleza; no hay más que echar un vistazo a un jardín para comprobar con cuántos colores combina. Su popularidad ha ido en aumento en los años 90, debido a que esta evocación del exterior encaja con el interés creciente por los temas medioambientales. El verde, tranquilo y relajante, es uno de los colores decorativos más neutros y, en consecuencia, puede mezclarse con gran acierto con muchos otros.

El verde se compone principalmente de azul y amarillo, por lo que su carácter varía dependiendo de cuánta cantidad de éstos colores se empleó en su composición. La naturaleza nos muestra la casi infinita gama de verdes, desde los verdes jugosos de los brotes frescos, capullos, hojas y jóvenes plántulas, hasta los verdes más oscuros y ricos de las hojas de rosal, roble, coníferas y muchos otros árboles y plantas. Tal vez el verde sea considerado un color tranquilizante como consecuencia de esta asociación con la naturaleza.

Pinturas y papeles pintados

PAGINA SIGUIENTE *El verde, tan predominante en la naturaleza, tiende un puente entre la casa y el jardín. En este recibidor de casa de campo, el verde proporciona un esquema de color apropiado en una gama variada de colores y tonos, desde el esmeralda brillante de la puerta exterior hasta los verdes cazador de las botas y abrigos. Los estampados vegetales de las cortinas continúan el tema jardinesco.*

Los verdes muy oscuros, con frecuencia llamados verdes bosque o botella, son ideales como colores de fondo para habitaciones con una nota de contraste fuerte. Pueden utilizarse para pintar paredes o como fondo en un papel estampado oscuro. Proporcionan el realce perfecto para el mobiliario de madera antiguo, especialmente de pino viejo, ya que crean una gran solidez.

Los verdes oscuros, como los verdes bosque, cazador, botella, oliva e hípica, fueron muy utilizados en los esquemas decorativos Victorianos y Eduardianos, tanto en Gran Bretaña como en Estados Unidos, siendo una de las opciones preferidas para pasillos y estudios, así como para el mobiliario pintado de cocina del mismo período. Un tono de verde azulado oscuro, conocido como verde París, se ha convertido en el color distintivo de la marca Laura Ashley. Un verde muy similar es también el color distintivo del National Trust. Estas tonalidades son habituales en países europeos como Francia e Italia, especialmente aplicadas al exterior de las casas blancas y al mobiliario de jardín.

En lo referente a pintura externa, la pintura al aceite verde oscura mate o satinada va asociada con el movimiento *Art Nouveau*, que la combinaba con morado en varios diseños intrincados. El verde azulado muy oscuro de las señales y las barandillas del metro de París es un gran ejemplo. Un verde igualmente oscuro se empleaba a menudo para la pintura de las puertas y, en ocasiones, de hogares enteros, en las casas revestidas de tablillas populares en Escandinavia y algunas zonas de Estados Unidos. Era también un color frecuente para el mobiliario de jardín, como bancos de hierro forjado o sillas de metal plegables. El verde oscuro aplicado a verjas o estructuras, como enrejados u

obeliscos, facilita su fusión con el paisaje exterior. El verde es también una elección acertada para una galería o invernadero, ya que continúa el tema creado por las mismas plantas.

William Morris empleó grandes cantidades de verde en sus diseños *Arts and Crafts*, con tonalidades que variaban desde los botella hasta los más pálidos. Los estampados de papeles pintados florales, estilo chinesco u otros diseños informales incluyen verde como color coordinado, con frecuencia retomado en los accesorios del resto de la habitación. El verde es también habitual en muchos papeles pintados Laura Ashley, ya sea por sí solo o como fondo o color secundario.

Telas

Determinados temas y estilos poseen asociaciones particulares con el verde. Ha sido siempre un tema cromático importante en numerosos estampados en *chintz*, normalmente como fondo para otros colores. Muchos de los diseños *Arts and Crafts* utilizaban un tono profundo de verde como color de fondo, sobre todo en los estampados de pájaros y bestias popularizados por William Morris al término del siglo. Los verdes crudos estuvieron en boga en los años 50, el algodón a rayas verde ácido y blanco fue la moda en los años 70, mientras que en los 90, los verdes se han hecho más suaves y adecuados al creciente interés por la conservación.

En un principio, resultaba difícil producir verdes convincentes en telas y, hasta 1830, no se lograría fabricar con éxito como tinte textil. Hasta entonces, el verde se creaba imprimiendo azul sobre amarillo. Los tintes amarillos se decoloran con mayor rapidez que los azules, razón por la que muchos *chintzes* florales antiguos tienen las hojas azules.

El terciopelo verde botella profundo es un favorito de todos los tiempos, sobre todo, usado para cortinas y tapicería. El *chenille* está experimentando un muy merecido resurgimiento. Ambos poseen un tacto maravillosamente rico, con tonos de los tapetes de las mesas de billar y pintura victoriana. En épocas más recientes, el tartán ha cobrado gran popularidad, mezclando diferentes tartanes de fondo verde y utilizando uno para funda de cojín y otro, tal vez, para la silla sobre la que se coloca el anterior.

Esta habitación demuestra la armonía de la gama de telas Laura Ashley en verde, borgoña y taupe. También muestra cómo las gamas y colecciones coordinadas de telas, papeles pintados y pinturas resuelven la ardua tarea del decorador. La combinación de diversos estampados consigue ofrecer un efecto interesante que le hace parecer más natural y relajante.

Cristal y porcelana

El verde adquiere tonalidades maravillosas y sutiles sobre el cristal, desde los verdosos pálidos del moderno vidrio reciclado y el auténtico verde botella (el color de las botellas verde oscuro) hasta los verdes profundos más elegantes del cristal inglés y veneciano popular en el siglo XIX. Es también fácil encontrar porcelana verde oscura, desde las tazas y platos de burda cerámica, hasta los intrincados diseños vegetales, esmaltados en varios tonos de verde, variando de oliva profundo a esmeralda, que simulan hojas de verdad. El diseño de la porcelana estilo regencia, con un ribete de verde lechuga sobre blanco, aún se utiliza hoy en día. Los esmaltes verdes son también muy usados para cerámica rústica.

Verdes oscuros

Los tonos de verde oscuro pueden variar de forma considerable, dependiendo de las cantidades de azul, negro y amarillo que contengan. El verde oscuro se conoce por nombres diferentes según el lugar. En Estados Unidos, recibe el nombre de verde Brunswick, mientras que en el Reino Unido es más conocido como verde bosque o botella. Otras tonalidades de verde oscuro muy similares incluyen el verde cazador, verde

Esta habitación del Sir John Soane Museum de Londres presenta un tratamiento de gran fuerza, basado en una audaz combinación de terracota y verde, colores completamente opuestos en el círculo cromático. El oro alivia el contraste de color, al igual que la introducción de estampado y verde más pálido en la alfombra y otros elementos decorativos.

hípica, verde oliva y verde París. Son todos colores clásicos, de concepción histórica aunque nada tenues o pasados de moda. Su gran adaptación al ambiente rústico los convierte en habituales para prendas de campo como abrigos, chaquetas y pantalones.

El verde oliva gozó de gran popularidad en la época victoriana, a menudo como color de fondo para telas y papeles pintados con estampados más vivos. Puede parecer triste usado en solitario, pero resulta efectivo en combinación con otros colores, como beiges amarillentos y blancos cremosos. El bronce y el dorado funcionan muy bien con el verde oliva. El mobiliario pintado en este color dará la bienvenida a agarradores y detalles en oro. Esta tarea no entraña dificultad con los modernos productos para dorar en crema.

Verdes azulados

La gama de verdes azulados –que incluye jade, viridiana, verde abeto y esmeralda– es tan extensa que al llegar al turquesa se hace difícil decidir si el color es fundamentalmente azul o verde. Todo depende de cuánto de cada color se empleó en la composición. En los últimos años, se ha abierto paso en la decoración interior un turquesa verdoso, aplicado sobre todo a mobiliario de madera y otros complementos.

Las piedras preciosas y semipreciosas verdes azuladas juegan un papel importante en sus países de origen. Las cerámicas orientales hacen gran uso de la turquesa (la piedra turquesa fue descubierta en Turquía) y la combinan con rojo bermejo, azul cerúleo y ocre. Combinaciones de color similares aparecen en los diseños del movimiento *Arts and Crafts* y, en menor medida, *Art Deco*. El jade es la piedra sagrada del Oriente (el jade verde esmeralda transparente, conocido como «imperial», es la forma más preciada), mientras que la piedra verde de Nueva Zelanda posee gran significado para los maoríes.

Verdes grisáceos

Se trata de una tonalidad suave de verde, con una cantidad considerable de blanco añadido a una base de color verde azulada. Incluyen el salvia, musgo y verde niebla. El verde grisáceo es un color tremendamente apacible para la decoración, aunque no suele utilizarse como color principal de un esquema. Aparece normalmente como color secundario acompañando a colores igualmente suaves, como albaricoque o rosa harinoso pálido. Ha sido muy utilizado en estampados de telas y es la opción preferida para la madera pintada escandinava. Los *shakers* también hicieron buen uso de un verde grisáceo, muy adecuado para muebles pintados, en ocasiones con un borde de color de contraste, como terracota o rosa polvoriento.

La plata, el cristal y el peltre destacan de forma especial colocados contra un fondo verde grisáceo pálido. La porcelana china de la dinastía Sung (aproximadamente 1000–1300 a. C.) empleaba también un gris plateado verdoso para el esmalte.

Los verdes claros incluyen verde musgo pálido, verde manzana, aguamarina, menta, verde brezo y pistacho. Otros verdes claros son *eau–de–Nil*, muy utilizado en los años 30 como color de fondo en decoración interior, y un verde más agudo y austero, con frecuencia combinado con blanco. El *eau–de–Nil* se suele considerar el complemento perfecto para el mobiliario antiguo, en concreto para las maderas más vivas como la caoba o el palisandro, así como para pinturas antiguas. Ha servido de telón de fondo para muchos esquemas de casas de campo inglesas, en los que otros colores igualmente claros (azules harinosos, rosas pálidos y amarillos alimonados) aparecen combinados en *chintzes* florales, tapices y alfombras orientales. Debido a lo bien que absorbe la luz, el *eau–de–Nil* resulta relajado y sencillo de combinar, creando un ambiente reflexivo y neutro.

Los verdes musgo son también frecuentes en diseños contemporáneos, en composiciones geométricas de rayas y cuadros y, en ocasiones, combinados en estampados florales con amarillos ácidos y azules cobalto vivos. Otros verdes claros, como el manzana, menta y pistacho, armonizan con colores crema suaves. A la hora de trabajar con estos colores muy vivos, es necesario considerar las pinturas, papeles pintados y telas que va a utilizar y su grado de reflexión. Este tipo de esquema obtiene mejores resultados con un acabado mate, ya que una pintura satinada, por ejemplo, dotaría a los colores de un aspecto demasiado dominante.

Verdes claros

El verde lima y verde guisante pertenecen a esta categoría. Existe una tonalidad de verde amarillento vivo bastante fuerte, que obliga a organizar bien el esquema antes de utilizarla. Supone, sin embargo, un maravilloso color de contraste para cualquier esquema decorativo. Apareció en algunos diseños *Art Nouveau*, fue también empleado de forma ocasional por el grupo de Bloomsbury, apareciendo de nuevo en algunos estampados de los años 50, con frecuencia combinado con colores de tierra, como naranja y marrón. Su aspecto adquiere aún mayor frescor cuando se combina son otros tonos más oscuros de azul, morado o amarillo, y más viveza combinado con oro o blanco.

Verdes amarillentos vivos

PAGINA ANTERIOR *La sala de billar de Wightwick, en West Midlands, muestra la influencia de William Morris, el padre del movimiento* Arts and Crafts. *Su influencia se extiende por todos los rincones de la casa. Esta fotografía ilustra el uso de colores tonales (aquí, un azul profundo y un verde salvia suave), emblema de los estampados diseñados por William Morris. Las formas estilizadas de elementos naturales, como pájaros, bestias y flores, eran la característica principal de gran parte de los diseños textiles y de papel pintado del movimiento* Arts and Crafts, *muchos de los cuales se continúan fabricando hoy día.*

El verde claro, fresco y alegre, es uno de los colores de ambiente más relajado, como bien demuestra esta sala en verde musgo pálido. Es uno de los colores que mejor realza las ricas tonalidades de la caoba y otras maderas finas. La tapicería incorpora una variedad de diferentes tonos de verde, que aporta armonía al esquema de color. Los toques de azul y rosa dan vitalidad a este tradicional esquema rústico inglés.

Una sala verde

PAGINA SIGUIENTE *Las paredes pintadas en verde musgo pálido, con una cornisa en verde más profundo, realzan de forma delicada el marco dorado envejecido del óleo situado sobre la chimenea. Un fondo liso como éste juega un papel importante a la hora de unificar un esquema de color que emplee una combinación de color y estampado, al tiempo que tiende un puente al papel pintado a rayas de las otras paredes.*

Esta habitación grande y espaciosa posee rasgos arquitectónicos poco comunes, como los sillares vistos entre las ventanas, los grandes huecos de las mismas, las paredes revestidas de madera de un lado de la habitación y el techo relativamente bajo. Para contrarrestar el efecto de este último, se necesitaba un esquema decorativo de colores claros y aspecto fresco, que contribuyera a aumentar la cantidad de luz de la estancia.

La habitación forma parte de una enorme casa de campo, construida hace varios siglos, perteneciente a una colonia monástica de East Anglia. A la hora de planear cualquier esquema decorativo, es importante intentar mantener el sabor de la época en que se construyó la casa, además de tener en cuenta su arquitectura. Esta sala verde y blanca es un buen ejemplo. Los techos de la habitación eran demasiado bajos para sus espaciosas proporciones, lo que propició el uso de un esquema claro y alegre. El ambiente sencillo y diáfano, con su predominante tema verde claro, es más que apropiado para la ubicación rural de la estancia. Las paredes revestidas van pintadas con el fin de equipararse al papel pintado a rayas musgo pálido. Todas las ventanas tienen vistas de árboles y hojas. El tema verde del interior retoma esta metáfora y la traduce a un «dialecto jardinesco». El verde es ideal para interiores de casas de campo, ya que armoniza, no sólo con las vistas de las ventanas, sino con cualquier arreglo de flores o ramas. Algunos de los ramilletes más exquisitos se componen enteramente de ramas; estos arreglos verdes o, en ocasiones, verdes y blancos, colocados de forma despreocupada en una jarra o jarrón de cerámica son perfectos para este tipo de ambiente.

La decoración es clásica del estilo rústico inglés, al igual que el uso de verdes suaves que se desgastarán a lo largo de los años por efecto del sol. Es una habitación muy apropiada para el verano, con una puerta de acceso directo al jardín. Un musgo pálido, muy parecido al color del césped, cubre las paredes, actuando como vínculo de unión entre la estancia y el jardín exterior. Las cortinas lucen una interesante combinación de estampados florales de gran tamaño, mientras que los cojines crean la ilusión de flores silvestres amarillas, azules y rosas pálidas creciendo en medio de este vergel. Los marcos dorados y envejecidos de los cuadros aportan un toque de calor y elegancia discreta.

Cómo mezclar estampados y colores

El estampado puede llegar a dominarnos, provocando un uso excesivo del mismo diseño, lo que resulta extremadamente artificial y nada apacible. La combinación de estampados ha de realizarse manteniendo un tema común, como colores o texturas similares. Los estampados utilizados en esta habitación son bastante variados y, como puede observarse, emplean varios tonos del color principal: el verde. Descubrirá que, si opta por este tipo de efecto combinado, no será necesario preocuparse por conseguir una completa equiparación de color. Puede lograr un efecto variado usando diversas tonalidades de verde, unas con más amarillo y otras con más azul, pero debe asegurarse de que posean el mismo valor tonal.

En esta sala se utilizaron diferentes verdes en tonos similares, al tiempo que se introdujo azul como color secundario. Esto hace el esquema más animado y menos artificial. Algunas personas defienden que azul y verde no combinan nada bien. Sin embargo, con estos colores se pueden lograr efectos espléndidos siempre que se mantengan equilibrados. Combinados con blanco, como ocurre en esta habitación, crean un ambiente general de frescura. Otro punto importante es elegir telas similares. A modo de ejemplo, un estampado *toile de Jouy* azul y blanco combina bien con una guinga de algodón verde y blanco, pero si se usara un color diferente y una tela diferente, como seda verde y blanca con el *toile de Jouy* azul y blanco, el contraste sería discordante y demasiado enfático. Al repetir un tipo de tela, se crea una armonía subyacente que equilibra el efecto de contraste del cambio de color.

Aquí, se empleó un algodón verde manzana para una silla y un *toile de Jouy* esmeralda vivo para la otra. El sofá más pequeño va tapizado en un sencillo terliz verde lima, mientras que el grande va cubierto con rayas anchas en verde musgo y blanco. El azul batista aparece en un par de cojines y en el sofá a cuadros del otro extremo de la habitación. El azul supone un contraste afable frente al verde. El tapizado se ha preferido en forma de fundas no ajustables que continúan el ambiente relajado e informal de la habitación. El fondo blanco de las cortinas mantiene la frescura y afabilidad del esquema.

ARRIBA *El azul y el verde no suelen utilizarse en combinación, aunque en esta sala estilo rústico inglés, el resultado es excelente: crea el contraste justo para añadir interés, sin resultar tan dominante como otros colores.*

PAGINA SIGUIENTE *Las delicadas flores de los geranios adornan las ventanas de esta habitación. Las flores rosa pálido se hacen eco de los tonos rosas de los cojines de los sofás, al tiempo que armonizan con el motivo floral de las cortinas.*

Pie de lámpara craquelado

Se trata de una técnica antigua que logra un magnífico acabado envejecido sobre cualquier pintura, semejante a la apariencia cuarteada de la pintura vieja. El barniz craquelado se encuentra en paquetes que contienen dos botes: el barniz envejecedor, que se aplica primero, y el barniz para craquelado, que se aplica el segundo. La reacción entre los tiempos de secado de ambos provoca la aparición de grietas en la superficie. Por último, hay que frotar un poco de pigmento oscuro sobre las grietas, con el fin de lograr un aspecto auténticamente envejecido.

necesitará   Papel de lija • Imprimación • Pintura base al agua • Color base como verde • Paquete de barniz craquelado (barniz envejecedor y barniz para craquelado) • Pintura acrílica ocre • Barniz acrílico mate transparente

1 Lije hasta eliminar cualquier resto de pintura o prepare la superficie con una capa de imprimación. Una vez seca la imprimación, si éste es el caso, extienda una capa de la pintura base al agua.

2 Aplique una capa del color base elegido (verde en este caso) y deje secar. Pinte las veces que resulte necesario hasta cubrir por completo la base de la lámpara.

3 Aplique una capa de barniz envejecedor y deje secar durante hora u hora y media. No debe secarse por completo. Cuando el tacto sea bastante pegajoso, aplique una capa fina de barniz para craquelado. Deje secar durante toda una noche.

4 Aplique un poco de ocre (si lo desea, puede emplear pintura acrílica ocre) en las grietas, para darlas un aspecto envejecido. Cuando se haya secado, proteja la superficie con una capa fina de barniz acrílico mate transparente.

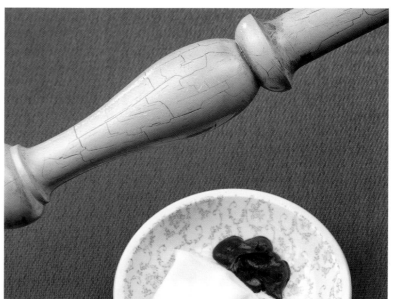

IZQUIERDA *En este plano, el esquema secundario de azul medio se hace patente en la tela a cuadros azul batista del sofá. Los otros colores aparecen en los cojines como nota de contraste. Los retratos con marcos dorados proporcionan calidez al esquema, al tiempo que continúan el ambiente rústico de la estancia.*

DERECHA *Los remates sencillos con pliegues triples, o americanos, son el complemento perfecto para el estilo informal de las cortinas. El uso de un fondo blanco para la tela crea un ambiente fresco, muy apropiado para esta habitación «jardinesca».*

La cámara capta un plano de este estudio, con la ventana principal a la izquierda. Un marco verde la rodea, contribuyendo a la definición de la misma. Las cortinas se adentran en el hueco de la ventana, mientras que los pliegues de pinza van decorados con botones forrados de chenille verde oscuro. Los colores –principalmente verde oscuro, oro viejo y borgoña con toques de azul marino y ocre– son tradicionales y comedidos. El mobiliario de caoba encaja a la perfección en el ambiente, propio de un caballero rural. Las paredes, empapeladas a cuadros de color verde oscuro y arena, armonizan con los otros estampados de la habitación, como la cachemira de las cortinas y motivos de la alfombra roja.

Un estudio verde

Esta habitación rectangular, que mide aproximadamente 5 x 4 metros, tiene la doble función de cuarto de invitados y estudio. Ha recibido un tratamiento deliberadamente masculino, tanto en la elección de los colores como en el estilo de la decoración. El verde oscuro ha gozado desde siempre de gran popularidad, especialmente en la época victoriana cuando era el color de moda de los vestidores incorporados a los dormitorios en las casas señoriales. Posee un atractivo elegante y masculino, y resulta particularmente efectivo con los ricos marrones de la caoba, tan amada por los victorianos.

El estudio destila también un ambiente noble escocés, debido en parte a la cachemira oscura y el tartán empleados, y en parte a que se trata de una habitación formal con muebles de caoba y una cualidad eminentemente masculina. El ambiente de la estancia se ve potenciado por la antigüedad de la casa (algunas partes se construyeron en el siglo XIV) y los enormes huecos de las ventanas.

Este primer plano del cabezal y los cojines de la meridiana revela una rica mezcla de colores y formas. Los extremos del cabezal llevan la misma tela de la meridiana, mientras que la sección cilíndrica va tapizada en chenille. *Un botón grande, también forrado en* chenille, *aporta el toque final al remate del cabezal, al tiempo que continúa el tema de los botones, presente en las cortinas. El vuelo con ondas, confeccionado en fieltro, del cojín de tartán retoma otro tema: los ribetes de tapete ondeado de las estanterías.*

El verde oscuro es un color decorativo extremadamente apacible, aunque suele necesitar un contraste más vivo que aporte calidez y vida. En esta habitación, se empleó color arena y borgoña cálido para este propósito, en combinación con muebles antiguos de caoba. Las paredes van empapeladas en un sencillo cuadro verde y arena, mientras que la alfombra retoma el color arenoso de las paredes. Las telas continúan el tema del verde oscuro, borgoña y arena: las cortinas lucen una maravillosa cachemira clásica en verde y rojo, forrada con una tela a rayas Regencia en verde oscuro y borgoña sobre un fondo arena; la silla estilo Reina Ana está tapizada en *chenille* verde oscuro con grandes «parches» en tartán rojo y verde, iguales a las coderas cosidas en una chaqueta vieja; el asiento de la otra silla va cubierto con el mismo tartán; y la meridiana va tapizada en la tela verde a rayas utilizada para las cortinas. El esquema podría invertirse y emplear las rayas anchas en verde para el papel pintado, el fondo arena para las cortinas y tapizado, y la tela de cachemira para la silla, aunque sería necesario añadir más rojo como contraste para evitar que el efecto global sea demasiado oscuro y pesado.

Las telas obtienen su riqueza no sólo del color, sino también de la rica textura del tejido. Estos colores profundos son especialmente apropiados sobre un fondo de color arena ya que, de situarse sobre blanco, el contraste sería demasiado chocante.

Uno de los rasgos más inusuales e interesantes de esta habitación es la forma en que las diferentes telas y estampados se complementan unos a otros. Las cortinas de cachemira verdes oscuras se han forrado con una tela estampada que recoge los mismos colores en sus sencillas rayas. Esto aporta elegancia a la habitación. Estos colores oscuros tradicionales forman un espléndido telón de fondo para la colección de libros viejos, recuerdos de la época estudiantil y trofeos deportivos que adornan la estancia.

La fotografía muestra las dos telas de contraste combinadas en las cortinas, con las rayas verde oscuro, borgoña y arena componiendo el forro para la tela principal, una tradicional cachemira en los mismos colores.

Biombo con dos caras

Pueden fabricarse biombos con una gran variedad de materiales. El nuestro está compuesto de dos paneles de madera contrachapada unidos con bisagras. Un lado está decorado con fotocopias de mapas antiguos; igualmente adecuados resultarían unos recortes de periódicos viejos, sobras de papel pintado o recuerdos familiares, cartas, certificados o boletines de notas. El peso de los papeles debería ser similar y, a ser posible, no demasiado grueso. El otro lado del biombo es un simple tablón de anuncios, hecho de tapete y atravesado con lazo. El tapete va sujeto con grapas y los bordes cubiertos con tiras de tachuelas, que parecen chinchetas individuales, pero requieren mucho menos tiempo ya que sólo hay que clavar a intervalos, en lugar de una a una.

necesitará Imprimación • Mapas, recortes de periódicos viejos, etc. • Cola para papel pintado • Esponja • Trapo húmedo • Barniz acrílico transparente • Pintura acrílica ocre • Biombo de madera contrachapada o conglomerado • Tapete verde • Lazo estrecho • Grapadora de tapicero • Tiras de tachuelas, y también algunas chinchetas sueltas • Jaboncillo

1 Prepare la superficie con una capa de imprimación. Aplique cola de empapelar a los paneles y el reverso de los mapas o papeles. Colóquelos sobre el biombo, extendiéndolos desde el centro. Compruebe que los bordes estén bien pegados y aplánelos con una esponja. Elimine los restos de cola con un trapo húmedo. Cuando se haya secado, aplique una capa fina de barniz y deje secar. Diluya una pequeña cantidad de pintura acrílica ocre en un poco de barniz y añádalo al barniz en gotitas. Aplique el barniz y deje secar.

2 Mida el biombo y marque estas medidas en el tapete, dejando un margen exterior para cubrir los bordes del biombo. Corte el tapete un poco más grande de lo necesario. Extiéndalo sobre el biombo y fíjelo con grapas en los laterales, asegurándose de no dejar pliegues ni arrugas.

3 Complete los laterales del biombo de forma decorativa, clavando en los cuatro lados tiras de tachuelas que oculten los bordes del tapete y las grapas.

4 Dibuje con jaboncillo un enrejado para el lazo del biombo. En nuestro biombo hay 25 cm de distancia entre las líneas. Coloque el lazo sobre las líneas y coloque una chincheta de tapicería en cada extremo y en cada punto de intersección entre los lazos.

Los ribetes ondeados, realizados a partir de tiras de tapete verde, dan a las estanterías un toque especial, además de retomar el tema aparecido en el biombo. Para su confección, mida primero la longitud de cada estantería a decorar. A continuación mida la profundidad y duplíquela. Corte una tira de tapete de estas dimensiones para cada estantería. Obviamente, si el tamaño de las estanterías varía, deberá medirlas por separado. Trace con un bolígrafo, rotulador o jaboncillo, las ondas sobre la tira de tapete, utilizando una guía circular, como puede ser la base de una huevera. Recorte las ondas con unas tijeras afiladas. Fije el ribete a las estanterías con una tira de tachuelas de tapicería.

Uno de los usos más novedosos de la tela en esta habitación es el tratamiento dado a los brazos de esta butaca estilo Reina Ana, similar a los refuerzos de cuero cosidos en los codos de una chaqueta de lana desgastada. A pesar de su inspiración práctica, las coderas pueden ser meramente decorativas y añadirán una nota de originalidad a una simple butaca tapizada. Elija una tela que coordine con el color y estampado del tapizado, procurando que ambas posean pesos y tejidos similares. Así, podría parchear algodón liso con guinga, o damasco con un estampado floral en tejido de lino mixto, pero nunca algodón con seda. En nuestra butaca, los colores presentan una densidad de tono parecida. Esto significa que, aunque las coderas sean visibles, no destacan en exceso como ocurriría si el tartán tuviera blanco u otro color igualmente pálido, por ejemplo.

Estanterías ribeteadas

Butaca con coderas

IZQUIERDA *Las estanterías de libros se han ribeteado con tiras de tapete ondeadas. Se trata de un truco muy útil para ocultar estanterías de madera no demasiado bonitas o, tal vez, de melamina blanca, que resulten discordantes con el resto del esquema decorativo.*

DERECHA *Este detalle revela el punto de ojal que rodea los coderas de la butaca. Su función es meramente decorativa: para evitar que la tela se deshilache, lo mejor es hacer un sobrehilado en zigzag. Los parches pueden fijarse a la tapicería con cinta adhesiva o coserse a las fundas. Un cojín en tartán de contraste continúa el tema de los coderas.*

Tratamientos para cortinas

Las cortinas de esta habitación presentan diferentes tratamientos, debido en parte a que el hueco de las tres ventanas varía. A la hora de planear el diseño de las cortinas, es importante tener en cuenta el tamaño y proporciones de las ventanas y las paredes contiguas. En algunos casos, no es posible colocar una galería sobre la ventana, ya que restaría luz o parecería desgarbada. Cuando se dispone de poco espacio en las ventanas , lo más aconsejable es elegir un remate atractivo con un acabado sencillo, como hemos hecho en estte caso en las cortinas con las pinzas decoradas con grandes botones.

Cuando sea posible incluir una galería, procure siempre que armonice con la forma de la ventana y el ambiente global que haya en la habitación. Asegúrese de que el peso y la forma de la galería se adecúe a la caída de las cortinas. Aquí, una galería guateada de la misma tela, bordeada con la tela del forro, sirve para añadir elegancia a la ventana pequeña.

PAGINA ANTERIOR *Esta imagen muestra los diferentes estilos de ventanas de la habitación. Aunque esto es relativamente raro en las casas modernas, es un rasgo bastante común en las antiguas o en estancias donde se haya derribado un tabique. En la ventana grande, las cortinas encajan en el hueco. En la ventana pequeña, se mantienen fuera, coronadas por una galería de la misma tela.*

ARRIBA DERECHA *Una galería guateada discurre sobre la ventana pequeña. El borde, encanutillado en la tela a rayas verdes del forro, es un detalle efectivo y sutil, que realza el tono crudo del estampado de cachemira.*

DERECHA *Estas cortinas de cachemira presentan un remate con pinzas. Cada pinza va adornada con un botón grande forrado en* chenille *verde oscuro. Observe cómo los botones sirven de vínculo cromático con el marco verde oscuro que rodea el hueco de la ventana. Estos pequeños toques unifican los distintos elementos y marcan la diferencia en un esquema decorativo. Esto es particularmente importante cuando en una habitación se utilizan varios colores.*

CAPITULO 5

azules

La combinación de azul y blanco es una de las más populares de todos los tiempos. Esta colección de cojines hace uso de azul medio y blanco en una gama de estampados de contraste: con rayas y flores, cuatros y diseños novedosos, combinados en una gran variedad de estilos y formas. Se ha colocado un panel frontal abotonado sobre la funda de los cojines: un modo caprichoso de actualizar un cojín liso.

El azul es el color más relajante; va generalmente asociado a la tranquilidad y armonía, debido quizá a sus connotaciones de cielo y agua; es más, los terapeutas recomiendan vestir de azul cuando se está bajo los efectos del estrés. La gama de color es enorme: los profundos azules medianoche y aguamarina; azules reales como el marino, Prusia o Windsor; *denim*; espuela de caballero; zafiro profundo; azul mediterráneo vivo, cobalto y cerúleo; azul cielo; azulete; azul porcelana; azul huevo de pato; batista; azul hielo; azul Wedgwood; azul nomeolvides; humo; celeste; azul Adam; y otros muchos, entre los que se encuentran los azules casi morados (con gran cantidad de rojo en su composición) y los azules casi turquesa (con mucho verde). En este libro, el color también incluye los azules más malvas, como lavanda y amatista. Es interesante observar cómo muchos de los azules tienen nombres de flores. El pigmento azul deriva de tres colores principales: azul cobalto, ultramar y azul Prusia, todos ellos bastante cálidos y con una considerable cantidad de rojo en su composición básica.

Entre los primeros pigmentos azules se encontraban el lapislázuli, índigo y glasto. El lapislázuli era muy caro, por lo que sólo se empleaba en pinturas para los potentados o la iglesia. El índigo y el glasto eran dos de los primeros tintes naturales azules, ambos extraídos de plantas. Eran muy utilizados en la coloración de lanas y otros tejidos. El descubrimiento de otros pigmentos y minerales para pinturas y tintes, y la invención de los tintes químicos, aumentó de forma considerable la gama de azules.

La viveza del azul alcanza su máxima expresión en la pintura, como bien han demostrado muchos artistas. El lapislázuli fue muy usado en las pinturas y frescos religiosos del Renacimiento, mientras que las obras de arte más modernas emplean otros tonos de azul: las marinas de Turner estaban llenas de azules fríos; los cuadros de Matisse rebosaban azules ardientes y vivos; las series de nenúfares de Monet incluían azules mar y lavandas; las acuarelas de la Riviera francesa de Dufy combinaban azules fríos y cálidos; e incluso Picasso es famoso por su «período azul». Los azules empleados en cerámica, como el azul Wedgwood y los otros tonos de la porcelana china, han aumentado en gran manera la popularidad de este color.

Como todos los colores, el azul puede variar, dependiendo de la intensidad de matiz y tono (ver página 14), o en virtud del color o colores con los que se le acompañe. Una combinación de diferentes tonos de azul puede resultar muy efectiva, tal vez con pequeños toques de blanco, amarillo u otro color pálido. Otra alternativa es introducir un color de contraste más fuerte que anime la paleta. Los colores tienden a lograr ambientes diferentes dependiendo de los otros colores con los que se mezclan: si coloca azul y rojo juntos, el azul parecerá más cálido; si lo combina con verde, parecerá más frío. De este modo, es posible modificar el efecto de un azul concreto, llevando a cabo una cuidadosa selección de los otros colores. Ésta es también una regla importante a tener en cuenta a la hora de elegir azul para una habitación que recibe poca luz: a menos que cuide el tono de azul que va a escoger (utilizando uno que sea muy cálido), y los otros colores del esquema, el efecto final será muy frío y poco acogedor.

El azul puede aplicarse a muchos ambientes diferentes de la casa: desde el sencillo atractivo rústico del azul y blanco mediterráneos, hasta los azules más vivos, combinados con amarillos, oros o rojos de combinaciones más exóticas y sofisticadas. Algunos tonos de azul poseen connotaciones geográficas o históricas especiales: el azul mediterráneo mencionado arriba es un azul puro muy claro y vivo que soporta la fuerte luz solar de la zona, ante la que los azules más pálidos se aclararían; los interiores escandinavos emplean un azul grisáceo más frío y pálido; y los mosaicos persas incluyen azules reales fuertes. La porcelana de Sèvres evoca un maravilloso azul turquesa vivo.

Telas

El azul es uno de los colores más utilizados en telas y, con gran frecuencia, en diseños geométricos, especialmente efectivos cuando se combina con blanco o crudo en guingas lisos y algodón de diversos pesos a rayas anchas. El índigo es también uno de los colores principales de las telas *toile de Jouy*.

Los azules marinos profundos son ideales para terciopelos, *chenilles* y damascos, así como para *toiles*, terlices y guingas. Rematados y ribeteados en un color de contraste más vivo, como verde esmeralda o rojo rubí, lograrán resultados espléndidos. Muchas tonalidades de azul crean un ambiente fresco para algodones rústicos, a menudo sobre fondo blanco, mientras que la adición de otros colores de medio tono, sobre todo amarillos y verdes, consigue un efecto primaveral. Las telas provenzales contienen un encantador azul cálido, con frecuencia combinado con amarillo y rojo. Las telas azules de Laura Ashley en tonos como zafiro, humo, azul emperador, azul porcelana, batista y marino clásico son algunas de las más populares de toda la colección.

Todas ellas crean ambientes diferentes en virtud de los colores con que se combinen: frescos con blanco, delicados con rosa pálido, vivos con rosa ardiente y verde lima, y muy ricos cuando se acompañan de oros, ocres y borgoñas.

Debido a las asociaciones de color con el agua y el mar, los estampados azules con gran frecuencia contienen motivos náuticos o marinos; las conchas y barcas gozan de gran popularidad. Por la misma razón, el azul es un color habitual para cuartos de baño, donde las combinaciones de azul y blanco adquieren gran relevancia. Los azules medios con rojo en su composición son más cálidos y entrañan menos peligro en su aplicación.

Mobiliario

El azul logra efectos realmente efectivos aplicado a la pintura de muebles de madera. En Francia, por ejemplo, es prácticamente obligatorio pintar las contraventanas en un espléndido azul pálido que recuerda al algodón desgastado. El azul más puro y profundo puede emplearse con gran éxito para envejecer muebles de madera, siendo la elección cromática ideal para un antiguo aparador de pino o un simple armario de cocina. Los tonos más pálidos de azul grisáceo son los preferidos en los muebles pintados escandinavos, a menudo con cremas suaves y un blanco grisáceo pálido. Pruebe a usarlo con un amarillo arena pálido, en lugar del severo contraste del blanco. Una cocina rural dará la bienvenida a estos colores, acompañados de telas a cuadros azules y blancos, y un aparador envejecido en azul humo.

Azules cálidos profundos

Los tonos más cálidos y profundos de azul, como marino, Windsor, Prusia, *denim* y azul imperial suelen basarse en dos colores concretos: ultramar para tintes de pintura e índigo para tintes textiles. Estos azules profundos pueden aplicarse sobre grandes superficies: para papeles pintados, tal vez, en combinación con un color más claro como arena, o para telas, como cortinas o tapicería de sillas y sofás.

Resulta necesario encontrar un color complementario que contrarreste las grandes superficies de color fuerte. El blanco suele ser el contraste elegido, aunque colores como amarillo y rosa yeso funcionan igualmente bien. Otra combinación muy efectiva es marino, borgoña y arena. El color escogido dependerá del ambiente deseado y de la cantidad de luz que recibe la habitación. El blanco creará un contraste crespo y limpio, mientras que el amarillo o naranja lograrán un efecto más contemporáneo, que despertará la riqueza del azul y hará vibrar la estancia. Marino, borgoña y oro son los colores apropiados para un ambiente de elegancia y distinción.

Las zonas pequeñas, como roperos o cocinas diminutas, adquirirán mayor relevancia si se pintan o se empapelan en azules ricos y profundos, que combinan de forma

Las sencillas contraventanas en azul brillante sobre una pared blanca lisa componen un tratamiento de color extraordinario. Esta tonalidad azul, pura y cálida, es una de las más agradecidas y combina especialmente bien con blanco. Logra un aspecto moderno y vivo, aunque con fuertes tendencias naturales, sin duda debidas a sus connotaciones de mar y cielo.

extraordinaria con los muebles de caoba y conformarán el encuadre perfecto para la porcelana azul y blanca u otros elementos decorativos, como botes o utensilios de cocina. Pruebe a contrastar estos azules con rojos profundos, verdes oscuros y oros para lograr un aspecto de policromía victoriana. El punto de partida podría ser una pieza de cerámica de estos tres colores.

Azules medios

Si opta por la riqueza del estilo imperio, puede cubrir las paredes en un azul medio como el cobalto, cerúleo o zafiro profundo. Los papeles pintados a rayas tonales o con un estampado adamascado proporcionan un fondo excelente para exhibir colecciones de cuadros, grabados o porcelana. Los tratamientos de las ventanas en este tipo de esquema pueden ser igualmente opulentos, con guirnaldas si las ventanas son lo bastante grandes, o tal vez cenefas o borlas en las galerías o bordes de las cortinas. Una tonalidad similar de azul puede emplearse para lograr un esquema rústico sencillo, empleando telas de algodón liso, alfombras confeccionadas con retales y paredes pintadas con pátina. Un dormitorio de este estilo llevará ropa de cama blanca y colgaduras de muselina blanca, aunque, en una vena más contemporánea, también aceptaría un cabecero de cama de hierro forjado.

El esquema puede invertirse, pintando las paredes en blanco o crudo y destacando la madera (rodapié o línea de zócalo, y puertas) en un azul medio más profundo, con la tapicería y telas en diferentes tonos de azul, mezclado con otro color, tal vez rojo ladrillo o azul pavo real.

En ocasiones, se pueden lograr excelentes resultados jugando con diferentes tonos de azul: contrastando azules pavo real (que contienen mucho verde) con azules tiza más cálidos, lavandas con turquesa, etc. Esto resulta especialmente efectivo en una cocina azul con los muebles pintados en una gama de azules. A la hora de jugar de este modo con diferentes tonalidades de azul, evite el blanco como contraste y elija un color complementario con los mismos valores tonales, tal vez un verde medio o un amarillo cálido.

Azules cálidos más claros

Estos azules –cobalto harinoso puro mezclado con blanco en tonalidades como zafiro, azul harinoso profundo y celeste– pueden formar el tema de muchos esquemas decorativos en una gama de estilos, que varían desde el mediterráneo hasta el colonial americano. El efecto depende de cómo y dónde se empleen, ya sea en forma de sofisticado papel pintado a rayas o sobre piedra virgen. Componen un excelente fondo para las paredes, puertas y ventanas de casas de campo, especialmente si se combinan con otros colores de intensidad parecida, como verde o amarillo, o en otros elementos de mobiliario.

Azules verdosos

Los fríos azules verdosos, como el azul huevo de pato, aguamarina, azul turquesa, azul Williamsburg, azules Wedgwood y Adam, exigen ser aplicados con mesura. Pueden resultar fríos y poco hogareños a menos que se usen con materiales de aspecto acogedor, como la madera, o en combinación con otro color más cálido, como melocotón o bermejo suave. El crema o crudo crean un contraste menos clínico que el blanco puro, mientras que las telas verdeazuladas resultan más cálidas en formas tejidas mates en lugar de sedas o *chintzes* con brillo. Los azules verdosos son bastante habituales en cuartos de baño, tal vez como consecuencia de la ya citada asociación del color con el mar. Una pintura mate con aspecto envejecido aportará profundidad a estos colores, al igual que combinarlos con maderas de colores cálidos como pino o roble.

Azul y amarillo

Es ésta una combinación especialmente atractiva, ya que estos dos colores son complementarios en el espectro. En consecuencia, la calidez del amarillo compensa la frialdad de los tonos azules y aporta la chispa de la que carecen. La combinación de azul y amarillo evoca imágenes estivales de campos de trigo frente a un cielo azul profundo. El esquema azul y amarillo ha pasado a ser uno de los más contemporáneos. Fue muy utilizado en los años 80, cuando el amarillo gozaba de gran popularidad, inspirado en parte por las obras de artistas como Van Gogh, que emplearon estos colores de forma vibrante.

El equilibrio en la intensidad de los tonos de azul y amarillo es un factor importante en el éxito de este tipo de esquema: para lograr los mejores resultados, la intensidad de cada color debe tener la misma saturación, como ocurre con el azul cerúleo vivo y amarillo rayo de sol. Este esquema también funciona bien cuando se utiliza un color como contraste, por ejemplo, podría elegirse un girasol profundo o prímula para las paredes, con toques de espuela de caballero en los cojines, cenefas de las cortinas y pantallas de lámpara. A la hora de decorar una habitación en cantidades iguales de dos colores, como azul y amarillo, el propósito es asegurar que las zonas de color estén equilibradas, es decir, que no predomine ningún color. Evite colocar los colores de forma demasiado simétrica, o el resultado será demasiado artificial. Si elige amarillo para las paredes, emplee azul para los accesorios, usando de nuevo el amarillo para pequeños detalles en cojines, asientos y alzapaños.

Azul y verde

Desde siempre hemos oído que «azul y verde se muerden». Y aun así, tal combinación está más que presente en la naturaleza. De hecho, algunas flores azules como las azulinas o espuelas de caballero gozan de gran popularidad. Los jardines pueden servir de inspiración para esquemas de color rústicos apacibles y relajados, con toques de blanco o crema, especialmente cuando se combinan con estampados florales simples. Los azules y verdes medios resultan ideales para este tipo de ambiente. Los azules contienen una gran proporción de verde y los verdes contienen un elemento azul fuerte, lo que crea un conjunto equilibrado. Hojear revistas y libros de jardinería le ayudará a encontrar la inspiración para buenos ejemplos de azul y verde.

La combinación de azul y verde es también habitual en los algodones indios y telas provenzales, con sus evocaciones de paisajes, verdes campiñas y apacible informalidad. Usados en combinación con grandes superficies de blanco o crudo en las paredes o suelos, logran un ambiente fresco y casi marino.

Otra versión de la combinación azul/verde es azul oscuro con verde esmeralda vivo, sobre todo cuando se incluyen otros colores para aportar vida, tal vez un amarillo dorado o un rojo indio fuerte. Esta combinación puede crear un ambiente imperio o colonial, rico y opulento, con telas brillantes, papeles en relieve, delicadas telas antiguas y mobiliario dorado o colonial.

La mezcla de azul y rosa adquirió gran popularidad en el siglo XVIII, cuando se combinaba una tonalidad de azul harinoso con un rosa pastel suave, a menudo con decoración dorada. El estilo, conocido como rococó, hizo furor en toda Europa, y los colores azul y rosa pasarían a convertirse en su tarjeta de presentación. Este esquema de color también se empleó en la porcelana Sèvres de la época, aunque el azul Sèvres era más turquesa. John Fowler (de Colefax and Fowler) decoró el armario circular de la Syon House, en Londres, en estos tonos de azul y rosa, con los detalles en dorado. Otro esquema menos formal de Fowler para un dormitorio rústico combinaba azul y rosa: las paredes iban a rayas rosa pálido y la galería de las cortinas de seda rosa llevaba un remate de cordoncillo y borlas azul violeta. El mobiliario era de caoba y algunas sillas tenían asientos tapizados en azul y rosa.

Esta combinación de contraste suave de azules y rosas apagados suele resultar especialmente adecuada para dormitorios, sobre todo si se acompaña de estampados florales desgastados y muebles pintados de forma delicada. Va también con diseños estarcidos y estampados, en azul grisáceo con rosa apagado suave. En un tema más oscuro, la combinación de rosa frambuesa y un azul medio más profundo que contenga un poco de rojo, como el azul martín pescador, obtiene también buenos resultados,

Azul y rosa

En esta hermosa habitación rústica, las paredes en azul batista forman el fondo perfecto para las cortinas azules y rosas con cenefa azul.

siempre que se utilice una saturación de color similar para cada tono. La calidez del frambuesa compensa toda la frialdad del azul, convirtiéndolo en una opción más que adecuada para una habitación oscura, por ejemplo, donde la combinación clásica de azul y blanco resultaría demasiado fría y nada acogedora. El frambuesa y el azul medio combinan bien con maderas de tonos más profundos, como el palisandro y la caoba, con telas de peso como damascos, *chenilles* y terciopelos, y con estampados más bien formales.

Azul y terracota

En los últimos años, se ha puesto muy de moda una combinación rica y cálida formada por un azul gris pizarra y rojo ladrillo o terracota. Se inspira en los pigmentos de tierra de México y funciona a la perfección en un estilo de diseño simple, que emplee mobiliario rústico, contornos definidos y poco estampado. Al tratar con este tipo de esquema de color, lo mejor es concentrarse en la superficie y textura, tal como ocurre con los colores originales en su medio natural: yeso y ladrillo pintado y muebles desgastados y envejecidos. Este esquema de color es adecuado para una cocina o recibidor sencillos, con un suelo de terracota natural. También funcionaría en un cuarto de baño informal.

Azul y blanco

Los tres colores de los que deriva el pigmento azul –azul cobalto, ultramar y azul Prusia– armonizan de maravilla con blanco, ya sea como contraste o para lograr un matiz más pálido del azul que se está utilizando. Esta combinación clásica de azul y blanco deriva de su éxito en el arte decorativo de la cerámica. El azul era uno de los colores más puros disponible en forma de esmalte, motivo por el que su uso era común en todo el mundo.

De hecho, la combinación de azul y blanco es una de las más populares de todos los tiempos, con algunas asociaciones célebres. La inspiración para una gran parte de la porcelana azul y blanca tiene su origen en China, remontándose a épocas anteriores al siglo XV, e incluyendo algunas famosas dinastías como la Ming (que significa «luminoso» en mandarín), que gustaba de imágenes representativas en azul profundo sobre fondo blanco. Emplearon una gran variedad de motivos, que iban desde diseños botánicos como hojas de acanto hasta animales y pájaros, todos ellos con una gran carga simbólica. Los países musulmanes también comenzaron a producir sus propias obras de porcelana azul y blanca, mayoritariamente en diseños geométricos sobre azulejos de cerámica. Desde aquí, la práctica se extendió a Italia, más tarde a los Países Bajos, donde se conoce como porcelana de Delft, y finalmente a Gran Bretaña.

Cuando la porcelana azul y blanca llegó a Gran Bretaña a finales del siglo XVIII, las prestigiosas fábricas de porcelana como Worcester comenzaron a fabricar delicados

PAGINA SIGUIENTE *La combinación de azul y blanco es una de las más populares. Aquí, se ha utilizado un azul profundo suave para la pared de una casa de madera de EE UU, mientras que las molduras de madera se han mantenido en blanco. Empleado en colecciones de porcelana o en telas, este azul profundo, combinado con blanco, es uno de los esquemas de color más perdurable, ya que, a pesar de ser tradicional, destila frescura.*

juegos de té azules y blancos, que imitaban la artesanía china en colores, escenas y motivos decorativos. En el siglo siguiente, algunas fábricas como Spode desarrollaron la porcelana con estampado de sauce (un diseño europeo inspirado en la porcelana china), que alcanzó gran popularidad. Se trataba de una gran profusión de azul y blanco transferido a la superficie cerámica mediante estampación. Gozaban también de gran aceptación los diseños indios, inspirados en relieves y delicados grabados botánicos. La fábrica Wedgwood produjo su propia porcelana azul y blanca, que incluía figuras clásicas en relieve de camafeo blanco sobre azul no esmaltado u otros fondos de color. Este tendencia era la respuesta al gusto neoclásico de la época, tan sofisticado, que aún se decoran habitaciones en lo que se ha pasado a conocer como azul Wedgwood, con la pintura, techo y cornisas resaltadas en blanco, al estilo de Robert Adam. Más tarde llegaría el «azul fluido», que posee un esmalte azul más oscuro que parece fluir sobre el contorno. Está muy extendido en EE UU, al igual que la cerámica con esmalte moteado en azul y blanco. Otro estilo rústico en trabajos de alfarería es la cerámica de desayuno Cornish, que luce simples rayas anchas en azul y blanco.

A la hora de mezclar azul y blanco, existen tantos diseños y variaciones posibles como en cualquier otra combinación con azul, aunque algunos temas son clásicos populares. Las rayas funcionan de maravilla en azul y blanco, ya se trate de bandas de azul tiza y blanco en telas como calicó, lona o lienzo, o de terliz marino oscuro y blanco. Los cuadros, como guingas, resultan también muy atractivos. El efecto es claro, limpio, moderno y simple, y combina bien con otros estampados más intrincados, como telas de *toile de Jouy* en azul y blanco, y grandes rosas azules y blancas en *chintz* o tejido mixto de lino. Con frecuencia, las telas y papeles pintados que incluyen motivos chinescos y grabados botánicos se vuelven a teñir e imprimir en colores puramente azules y blancos. Los colores originales son reemplazados por varios tonos de azul sobre fondo blanco con el fin de lograr un diseño crespo y elegante.

Azulejos azules y blancos

Los famosos diseños de paisajes y marinas sobre fondo azul o blanco se reconocen de forma automática como Delft, término empleado para describir los azulejos de cerámica esmaltada fabricados en los Países Bajos en el siglo XVII. El esmalte que distinguió a los azulejos de Delft procede de añadir óxido de estaño a los esmaltes de plomo que se usaban habitualmente. Esto transforma la ordinaria arcilla naranja en un delicado y cremoso fondo blanco que sería usado por los pintores como lienzo para sus diseños de colores brillantes, caracterísicos de esta cerámica. El azul rico y profundo de los azulejos de Delft se formaba añadiendo cobalto al esmalte de plomo. Esta técnica fue utilizada por primera vez en España en el siglo XI, momento a partir del cual se extendió por toda la costa del Mediterráneo.

Una de las influencias para los diseños de Delft procedía de los cargamentos de porcelana china de la Compañía Holandesa de las Indias Orientales, importados de Extremo Oriente, y el consiguiente deseo de crear una versión más barata de producción nacional. La guerra civil china de 1650 propició la producción masiva de azulejos azules y blancos en Holanda. La industria se centró en la ciudad de Delft, de donde la porcelana tomó su nombre. La gama de temas empleados para los azulejos se extendía a todo tipo de objetos naturalizados: flores, animales y escenas de la vida cotidiana que incluían barcas y canales. Los azulejos alcanzaron gran popularidad tanto fuera como dentro de los Países Bajos, lo que impulsó una industria floreciente. Aún hoy son famosos en todo el mundo.

La delicadeza de la cerámica la hacía más adecuada para cubrir paredes que suelos. Se emplearon en un sinfín de aplicaciones, con frecuencia como zócalos y para forrar las enormes chimeneas típicas de los interiores holandeses de la época. Incluso se alicataron paredes enteras con azulejos de Delft, acentuando los tonos de azul por medio de la pintura de los arquitrabes y marcos de ventanas. Los diseños y colores tan populares en azulejos pueden trasladarse con éxito a telas, utilizando técnicas de *patchwork* o aplicación, o estarcirse sobre superficies pintadas, como una mesa o la puerta de un armario.

PAGINA SIGUIENTE *La casa de Monet en Francia muestra un interesante uso del color, como bien corresponde a uno de los mayores coloristas del movimiento impresionista francés. En esta fotografía de un rincón de la cocina, los tonos cálidos de los utensilios de cobre forman un rico contraste de textura y color frente a los fríos azulejos azules y blancos, y los armarios, también azules y blancos.*

La tarima de color avellano de esta alegre habitación familiar proporciona un contraste cálido y acogedor frente al frío tema azul y blanco que conforma el concepto decorativo principal, basado en la colección de porcelana azul y blanca expuesta en el aparador. El tema se retoma en las diversas telas, desde la simple guinga de los asientos de las sillas hasta el delicado toile de Jouy de las cortinas.

Una cocina azul y blanca

Esta alegre cocina familiar, con su enorme ventana salediza y vistas al río, forma parte de una casa solariega londinense del siglo XVIII con una historia un tanto exótica. Durante los días de la Revolución Francesa, estuvo habitada por un doble agente francés, que finalmente murió asesinado en el rellano de la puerta. En la actualidad, la cocina azul y blanca rezuma un aura de afabilidad y claridad, sirve también de sala, y ha pasado a convertirse en el corazón de un ajetreado hogar familiar.

El punto de partida del esquema azul y blanco fue la colección de porcelana colocada en el aparador que hay junto a la ventana. El aparador en sí mismo no es digno de mención, motivo por el que las sencillas estanterías se realzaron con una cenefa de encaje. Un truco igualmente útil, si no desea utilizar tela, es pintar la pared de detrás del aparador en un azul profundo, que destacará la porcelana. El tema de la cerámica azul y blanca se extiende a los efectos pictóricos decorativos: se ha estarcido en azul y blanco un pequeño panel rectangular de la parte inferior del aparador, empleando un diseño tomado de uno de los platos, de nuevo retomado en la repisa de la chimenea. El motivo de los azulejos azules y blancos situados sobre el lavabo se ha aplicado mediante pintura a la esponja sobre las estanterías superiores, continuando así el diseño.

Además de la colección de porcelana azul y blanca, hay otra colección de cristal de Bristol. Con el fin de contrarrestar la simplicidad de las formas del vidrio, se han ribeteado las estanterías con tiras de encaje de papel. La sencillez de la colección y su exposición a modo de conjunto, logra una maravillosa impresión de color profundo que añade un contraste más que necesario frente al color difuso del esquema azul y blanco.

El tema de la cerámica también ha marcado la elección de las telas. Un algodón sencillo, en un diseño inspirado en la porcelana china, fue la elección para las cortinas del lado de la cocina. La zona más formal lleva cortinas sencillas en *toile de Jouy*: su función es meramente decorativa, sin necesidad de correrlas, ya que el dueño deseaba conservar las vistas del río. La combinación de estampado es también el tema para los cojines azules y blancos del sofá, a los que se han aplicado paneles abotonados o atados a la forma base. La ventaja de este tipo de construcción es que puede crear cambios de color colocando un «babero» diferente a los cojines, sin mayor problema que atarlo o abotonarlo. Se han combinado rayas, flores e incluso una tela de abecedario infantil en una gama de permutaciones. Este tratamiento se hace eco de todos los diferentes motivos de la colección de porcelana del aparador. Como complemento, se ha confeccionado un hermoso mantel de aplicaciones, con motivos de teteras, platos y tazas, a partir de restos de las telas utilizadas para los cojines del sofá. Las instrucciones para hacerlas aparecen en las páginas 156–157. Las sillas tienen asientos

PAGINA SIGUIENTE *Las marciales hileras de cristal de Bristol azul se alinean sobre las estanterías. Los ribetes de encaje de papel contrarrestan la posible precisión y solidez de color. No es difícil encontrar trozos viejos de encaje con los que lograr este remate sencillo a la par que efectivo.*

tapizados con guinga para tapicería, rematados con canutillo doble. El banco situado al otro lado de la mesa lleva una galleta rectangular, atada a las esquinas del asiento con cintas. Sobre el fregadero, las estanterías van trapeadas en azul claro sobre un fondo pintado de blanco.

Mantel con aplicaciones

Para confeccionar un matel similar al que mostramos, necesitará una tela de damasco blanco liso, además de restos de tela de algodón azul y blanca, en una variedad de diseños. También necesitará tela termoadhesiva, como Bondaweb, disponible en cualquier establecimiento especialidado o mercería de calidad. El método empleado es rápido y sencillo, aunque no aguantaría un lavado demasiado frecuente, ya que los bordes se deshilacharían, (si desea un diseño más permanente para uso diario, deberá rematar los bordes de los motivos, ya sea en zigzag después de aplicados al mantel o doblando un margen para costuras, añadido antes de cortar los motivos, y coser a mano a punto de orillo sobre el mantel, en lugar de emplear Bondaweb). Los pasos que siguen son para pegar los motivos al mantel, sin rematar los bordes.

necesitará   Mantel de damasco blanco • Restos de diversas telas estampadas en azul y blanco • Trozo pequeño de tela blanca, para el refuerzo posterior (no visible) • Tela adhesiva Bondaweb • Hilo de bordar azul • Hilo de coser azul

1 Dibuje una tetera sobre un trozo de papel y recórtela. Coloque la plantilla sobre un trozo de tela blanca y recorte. Planche un trozo de Bondaweb sobre la parte frontal de la tela de la tetera, protegiendo la tabla de la plancha con papel o una tela vieja.

2 Retire el papel protector del Bondaweb. Tome las telas estampadas, recorte formas que encajen en la tetera –cuerpo, pitorro, asa, base, tapadera, etc– y colóquelas sobre el frontal cubierto de Bondaweb. Planche para fijar su posición.

3 Planche otro trozo de Bondaweb sobre el revés de la tetera. Planche todo el motivo al centro del mantel. Utilizando hilo de coser azul, embellezca la tetera con puntadas que recorran las siluetas de las formas de tela.

4 Emplee la misma técnica para aplicar tazas, platos y cucharas sobre el mantel. Utilizando hilo de bordar azul, realice hileras de puntadas corridas que imiten el humo de las tazas. Por último, borde con puntada corrida un festón alrededor del borde del mantel.

Cómo estarcir
un diseño

ABAJO *Un sencillo mantel de
damasco blanco ha cobrado vida
con los motivos de aplicación en
azul y blanco. El tema que
inspiró este mantel procede de la
colección de porcelana del dueño
exhibida en el aparador de la
página 161. Puede crear tantos
motivos aplicados como desee,
cosiéndolos bien a mano o a
máquina.*

Para crear un diseño estarcido de un motivo concreto, el primer paso es crear una plantilla. Necesitará acetato (disponible en establecimientos especializados) y un escalpelo o cuchilla de manualidades afilada. Coloque un trozo de papel de calco sobre el diseño y trace la silueta con un lápiz de mina blanda y grasa (2B). A continuación, dé la vuelta al papel, colóquelo sobre la plantilla de acetato y frote la parte posterior con un objeto duro y redondeado con el fin de que la imagen silueteada con el lapicero sea transferida a la plantilla. Coloque la plantilla sobre una tabla y recorte con cuidado el contorno de la figura, empleando un escalpelo u otra cuchilla bien afilada.

Para aplicar el estarcido, deberá fijarlo con cinta adhesiva al objeto sobre el que se va a pintar. No utilice cinta aislante que pueda dejar restos o dañar la pintura. Si va a crear una cenefa o diseño de repetición, realice marcas de registro (pequeños agujeros) en los extremos de la plantilla, de forma que pueda alinear el motivo de manera precisa a medida que avanza sobre la superficie.

Para pintar el estarcido, necesitará pinturas especiales para estarcir o emulsión normal. La pintura no debe estar muy líquida, o se deslizará bajo los bordes de la plantilla y estropeará la imagen. También necesitará un pincel para estarcido. Mezcle o revuelva la pintura en una bandeja y sumerja el pincel en la misma. Elimine el exceso de pintura sobre un cartón, hasta que la mancha no parezca densa o grumosa. Aplique entonces la pintura a través de los agujeros de la plantilla, mediante pequeños golpecitos de muñeca. Si nunca antes ha realizado un estarcido o si desea comprobar el resultado final, practique primero sobre un trozo de cartón resistente a la humedad.

Unos simples golpes de pincel resaltaron el diseño estarcido de esta habitación, mientras que el empleo de un tono de pintura más profundo sirvió para dar mayor definición a la cenefa.

DERECHA El borde frontal de la repisa de la chimenea lleva una cenefa estarcida, inspirada en el diseño de un plato de porcelana. Los adornos de todo tipo proporcionan fuentes inagotables de conceptos decorativos, ya sea se trate de combinaciones de color o de estampado. El arreglo informal de las flores de jardín blancas completa el ambiente relajado de la habitación.

IZQUIERDA *Otro tratamiento diferente para el aparador blanco que contiene la porcelana: un original marco de terliz azul y blanco, a modo de galería y tapizado lateral. Estas sencillas decoraciones para estanterías y repisas, habituales en los hogares holandeses, añaden atractivo a muebles que, de otro modo, pasarían más que inadvertidos.*

ABAJO IZQUIERDA *La combinación de estampados puede crear un efecto emocionante y alegre en cualquier esquema decorativo. Aquí, un estampado que recuerda la porcelana cubre un cojín con vuelo colocado sobre esta silla de caña, tapizada y abotonada en cuadros blancos y azules.*

DERECHA *La ecléctica colección de porcelana azul y blanca, expuesta de modo efectista contra el fondo blanco del aparador, proporciona la inspiración para la mezcla de colores y estampados de esta habitación.*

Este dormitorio azul y amarillo
posee un atractivo fresco y
rústico que deriva en parte de la
combinación de color y en parte
del uso de telas de algodón
sencillas. Las paredes pintadas en
una pátina azul batista
proporcionan la base del
esquema, mientras que los toques
de amarillo prímula
—enmarcando las paredes a la
altura del techo y rodapié, en la
colcha y en el revés y cintas de
las cortinas— aportan vida y un
toque contemporáneo.

Un dormitorio azul y amarillo

Este dormitorio combina azul batista con amarillo prímula vivo. Cada color posee el mismo grado de saturación, lo que significa que los dos colores se equilibran mutuamente. Éste es un aspecto muy importante a la hora de mezclar con éxito colores fuertes y vivos. El amarillo contribuye a añadir vida y color al azul. El azul, por sí solo o combinado con un color menos enérgico, tiende a retroceder, aun cuando sea bastante fuerte. El azul de esta habitación contiene bastante rojo, lo que le acerca hacia el extremo más cálido del espectro. El amarillo también tiene rojo en su composición, lo que da a los dos colores la unidad y armonía de otro modo inexistente. El mismo principio podría funcionar con un amarillo más verdoso y un azul más amarillento. La adición de pequeños toques de rosa y azul amoratado enfatizan los tonos cálidos inherentes en esta mezcla de color. El resultado es alegre, acogedor y muy adecuado para el sencillo encanto de las telas y muebles.

La estancia posee una atmósfera fresca, sencilla, jovial y nada pretenciosa. El ambiente provenzal de la habitación procede de la colcha de *patchwork* y el uso de guinga, así como de la elección de colores. El tema francés se continúa en el algodón empleado para las cortinas: un estampado de trébol en azul batista vivo para el derecho, con el mismo estampado en prímula para el forro y el remate de cintas. Otro elemento de inspiración francesa es el rosa ardiente de las flores, el estampado de la colcha y algunos platos. Un tema secundario es la combinación de azul y blanco, usada para la falda festoneada de la mesa, la cenefa con ondas de la repisa, la faldilla de la cama y la porcelana azul y blanca.

Se trata de una habitación rústica, aunque sofisticada en tanto que combina color y estampado, y atiende a los detalles: una banda amarilla recorre el rodapié y otra actúa como cornisa; las ondas hacen su aparición en la repisa, faldilla de la cama y falda de la mesa; y una balda, que exhibe platos azules y blancos, corona las cortinas. Todos estos efectos decorativos componen un dormitorio encantador y atemporal.

El papel pintado con efecto de pátina proporciona un fondo con textura, contrastado con la pintura blanca y las bandas en amarillo prímula vivo de la cornisa y el rodapié. Estas bandas son un elemento esencial de la habitación porque consolidan el tema amarillo sin resultar abrumadoras. Son muy sencillas de pintar: todo lo que debe hacer es trazar con cinta adhesiva una línea recta sobre la pared y proteger las superficies contiguas. Cuando la pintura esté completamente seca, despegue la cinta para dejar al descubierto la banda de color. Si lo desea, puede pintar esta línea de contraste a lo largo de los bordes de cada pared, creando un efecto de panelado. Una alternativa a pintar estas bandas es emplear una cenefa de papel pintado, tal vez más sencilla de manejar.

PAGINA SIGUIENTE *Observe el hermoso entramado de azul y amarillo creado por las rayas de la alfombra de algodón, la faldilla azul batista de la cama y el amarillo profundo de la colcha, en contraste con la tela azul de la falda de la mesa y las cortinas.*

Ribete de guinga festoneado

Este cobertor de repisa de guinga, con borde encanutillado y forma festoneada, actúa como excelente telón de fondo para los adornos de los mismos colores. Adecúe el tamaño de las ondas a las dimensiones de su repisa. Para hacerlo, decida el tamaño aproximado de las ondas y divida esta medida por la longitud de la repisa (el frontal más los laterales); obtendrá el número de ondas. Si el resultado no fuera un número entero, redondee hacia arriba o hacia abajo y vuelva a dividir. Ese número corresponde a la anchura exacta de cada onda, medida en su punto más ancho.

necesitará   Tela de guinga a cuadros • Compás • Cordón de canutillo • Hilo de coser • Rotulador para tela

1 Corte dos tiras de tela con el largo total de la repisa (frontal más laterales) más 2 cm, y con un ancho de la mitad del ancho de cada onda más 2,5 cm. Haga una plantilla: utilice un compás para dibujar el número correcto de ondas en forma de semicírculos del tamaño calculado. Con un rotulador para tela, repase la silueta del patrón sobre el revés de una de las tiras de tela, dejando 1 cm entre el borde ondeado del patrón y el borde de la tela. Con los derechos hacia dentro y los bordes igualados, cosa las dos tiras a lo largo de la línea de ondas. Remate a 1 cm de la línea de puntadas, practique unos cortes en las esquinas, vuélvalo del derecho y planche.

2 Corte tiras al bies de 5 cm de ancho y únalas con costuras diagonales, hasta que tenga una tira del largo de la tela ondeada. Rodee el cordón de canutillo con la tira al bies y cosa muy cerca del cordón, utilizando el accesorio para cremalleras de la máquina. Corte una tira de tela del largo de la repisa más 3 cm, por dos veces la profundidad más 3 cm. Corte tal que el estampado case una vez unido a la tira ondeada. Con el derecho hacia dentro, prenda el canutillo a lo largo de la tira y hasta la mitad de cada extremo, situándolo por dentro de la costura, con las puntadas a 1,5 cm del borde. Practique unos cortes en la tela sobrante de las esquinas y cosa.

3 Coloque la tira ondeada sobre el canutillo, mirando hacia dentro y casando el estampado. Prenda e hilvane. Doble a la mitad a la larga, con el derecho hacia dentro. Cosa por la línea de costura, a 1,5 cm del borde, a lo largo de los extremos y el lado largo, dejando una abertura.

4 Vuélvalo del derecho a través de la pequeña abertura que había dejado anteriormente y planche el cobertor. Cosa a punto de orillo la abertura, utilizando un hilo de color parecido a la tela. Remate las hebras de forma disimulada.

Estas cortinas de batista cuelgan de una barra de bronce. Las tiras de contraste, en un prímula de la misma tela, se hacen eco de la estrecha banda pintada en amarillo prímula a la altura del techo. La balda superior sirve como superficie de exposición a una colección de platos antiguos.

Una sencilla jarra con flores silvestres adorna la mesa. El remate festoneado del ribete crea un contraste atractivo frente al estampado del faldón y el forro de color prímula de las cortinas. El uso de un tercer color en las margaritas rosa vivo y el panel central del edredón (ABAJO) acentúa el contraste con el tema decorativo azul y amarillo.

Este edredón antiguo con un panel central con motivos florales rosas aporta la nota de color cálido a la habitación. Un edredón similar podría ser el punto de partida del esquema decorativo de un dormitorio.

IZQUIERDA *Un primer plano de la ventana muestra el tratamiento dado a las paredes: una estrecha banda de pintura prímula (el color secundario de la habitación) a la altura del rodapié, rememorada en el forro amarillo de las cortinas azules. Los tres tiestos de terracota con pensamientos azules y amarillos retoman el tema.*

DERECHA *El maravilloso azul rosáceo de esta hortensia supone toda una revelación frente a la pared de pátina azul batista de tono similar. El juego de luces y sombras de las flores muestra cómo también la textura influye en la percepción del color. La jarra y el sencillo mantel de guinga son accesorios decorativos clásicos del estilo rústico.*

CAPITULO 6

rojos

El rojo en la historia

Durante siglos, el rojo fue uno de los pigmentos más caros. Siempre se le ha considerado un color real, lucido por la realeza y los cabezas de estado. En el siglo XVIII, los georgianos inventaron los tintes químicos sintéticos. De pronto, apareció ante ellos una nueva paleta de colores vivos, que desterró los tonos oscuros del pasado en un maravilloso despliegue de matices brillantes, en ocasiones deslumbrantes. Esto coincidió con un notable renacimiento del interés por la arquitectura y la decoración de las antiguas Grecia y Roma. Muy pronto, los diseñadores del momento comenzaron a utilizar colores claros y vibrantes en sus esquemas decorativos. El rojo era uno de ellos, además del favorito de Napoleón. La galería «Gótica» de Strawberry Hill, en Twickenham, Middlesex, Inglaterra, diseñada por Horace Walpole en 1776, contiene un papel pintado rojo vivo que causó sensación en la época.

Junto a las nuevas tonalidades de rojo llegaron también nuevos tonos de rosa. Entre ellos, cabe destacar el rosa yeso del estilo rococó, los rosas asociados a María Antonieta, y el rosa Pompadour, un color creado por Madame de Pompadour, habitual en la porcelana de Sèvres. La combinación del rosa pálido y azul humo suave alcanzó gran popularidad en lo que se dió en llamar el Estilo Imperio, introducido en Francia a finales del siglo XVIII. Uno de los ejemplos más célebres de este estilo fue el dormitorio de Madame Recamier, diseñado por Louis–Martin Berthault como parte de una restauración de la casa del banquero Recamier. Las paredes estaban decoradas con cortinajes de seda azul violeta, la cama llevaba colgaduras de muselina india blanca con estrellas doradas, y la pintura era rosa yeso pálido y blanco. Todo aquel interesado en la nueva moda decorativa hubo de visitar la estancia. Otro ejemplo de rosa y azul, aproximadamente del mismo período, fue el diseño rojo rosáceo y azul medio para la sala de música de la casa del director de la Real Ópera de Berlín. Los paneles rojo rosáceo profundo, insertos en las paredes rosa yeso, iban bordeados en azul pálido y el vano existente entre éstos pintado en azul y rosa.

Fueron los victorianos los que popularizaron el uso del rojo. Los comedores y salas rojas, además de pasillos, estaban de moda. La gama de colores continuaba aumentando a medida que se inventaban nuevos tintes. Los viajeros regresaban de Europa trayendo consigo colores como el rojo Pompeya, y la ampliación del imperio británico introdujo tonos exóticos y especiados de rojo y naranja. Cuando la reina Victoria fue nombrada emperatriz de la India, ordenó trasladar sus posesiones indias a una habitación de Osborne House, conocida como Durbar Room, cuyo esquema de color era rojo tostado y blanco. Otros esquemas de color populares, aún en boga en la actualidad, incluían borgoña mezclado con marino y verde botella. Los hermosos estampados florales rosas producidos en la época se han convertido en clásicos de la decoración textil.

En su forma más pura, el rojo es uno de los colores más fuertes del espectro. Atrae la vista y parece avanzar, por lo que no es casualidad que el rojo sea el color utilizado para indicar peligro. El rojo primario es el color del fuego y posee los mismos atributos: una intensidad brillante y ardiente. Resulta difícil permanecer indiferente ante el rojo: los toques de rojo primario son siempre dramáticos y llenos de vida. Como curiosidad, cabe añadir que es el color que los niños pequeños identifican con mayor presteza, quizá debido a su atractivo visual.

Como ocurre con todos los tonos del espectro, el rojo varía cuando se mezcla con otros colores y cuando se le añaden tonos oscuros o claros. Cubre, por tanto, una gran gama de colores: de rosa concha a fresa y ciruela; de terracota y rosa yeso a carmesí, rojo cereza, magenta, bermejo o borgoña. Los tonos de rojo varían en todo el mundo. Están los rojos especiados de India, los bermellones de los rojos chinos y los escarlatas de Japón. El carmesí es un color especialmente asociado a la Rusia prerrevolucionaria, de interiores iluminados por la luz ardiente y oro de las velas mientras la nieve cubre el exterior. En la América colonial, los rojos eran más profundos y sombríos; muchas casas de madera de Nueva Inglaterra se pintaron en estos colores.

Los climas más cálidos poseen tonos más terrosos de rojo especiado, que se mezclan con ocres amarillos y marrón arcilloso. El terracota, ladrillo y rosa yeso se suelen asociar a Italia y proceden de pigmentos como el rojo siena. El rosa yeso y el ladrillo son los colores del yeso y el estuco, y de la maravillosa piedra rosa local utilizada en los detalles decorativos de famosos palacios de Venecia.

En el Reino Unido, los victorianos introdujeron un «amor» nacional por el rojo, que pasó a ser el color de muchos símbolos turísticos clásicos: buzones rojo brillante, cabinas telefónicas escarlata y el autobús londinense de dos pisos rojo cereza. Junto al mar o en el campo, el rojo puede mezclarse con blanco para producir rosas pálidos, color más que común en los exteriores de las casas de campo. Un punto a favor del rosa en Gran Bretaña es la abundancia de plantas con flores rosas, como las rosas, peonías o claveles. Éstas y otras muchas flores rosas y rojas han inspirado a generaciones de diseñadores textiles para producir cretonas, algodones o linos con estampados florales profusos.

De todos los colores de la paleta del decorador de interiores, el rojo puro y brillante es el más difícil de utilizar con acierto. La intensidad y viveza de su matiz aportan un carácter extremadamente fuerte, lo que plantea la necesidad de considerar minuciosamente cualquier esquema decorativo en que el rojo sea el color principal, sobre todo si se va a aplicar en grandes cantidades. Por esta razón, no es conveniente emplearlo en salas, mientras que puede funcionar bien en comedores, donde crea un ambiente cálido.

PAGINA SIGUIENTE *El rojo es un color tan dominante y fuerte que resulta difícil de utilizar con acierto. Empleado en habitaciones pequeñas de uso no muy frecuente, como baños o comedores, puede lograr efectos espectaculares, especialmente cuando se realza con superficies decoradas, como se muestra en la fotografía.*

Las formas de rojo menos puras —rojos indios, rosas fucsia apagados, terracotas y bermejos— son colores más suaves y, por tanto, de ambiente más resuelto, adecuados para casi cualquier habitación. Un rojo puro y fuerte puede transformar una estancia de proporciones pobres en un espacio de ambiente casi mágico.

Rojos puros

Estos colores son los rojos primarios, bermellones y escarlatas, familiares en forma de rojo tomate y rojo amapola. Utilizados como tema principal en decoración (como color para paredes, por ejemplo), proporcionan el elemento decorativo clave junto al que todos los demás colores juegan un papel secundario. En otras palabras, una vez escogida la pintura o el papel pintado para las paredes en rojo brillante, habrá tomado una decisión que dominará el resto de las opciones de la habitación. Esto no sudede con colores menos exigentes como azul, verde o amarillo, que sirven de telón de fondo a otros colores. Los rojos armonizan con otros colores vivos como amarillo y verde, y logran un efecto sensacional con blanco.

Rojo y blanco

El empleo de blanco como color de contraste para un rojo puro y fuerte como el escarlata, bermellón o carmesí, crea un efecto fresco, atractivo y alegre. Contribuye también a evitar que el rojo resulte muy dominante. Las guingas, rayas, terlices, algodones rústicos y servilletas en rojo y blanco ofrecen un aspecto limpio muy atrayente. Si no se desea un efecto tan llamativo, puede combinarse con azul marino o emplear crudo en lugar de blanco como color de contraste.

Las combinaciones de rojo y blanco son adecuadas para habitaciones informales, como cocinas y cuartos de niños, además de cuartos de baño. Las proporciones de cada color afectarán al efecto global: una habitación principalmente roja, con toques de blanco, será rica, cálida y llena de ambiente, mientras que una habitación principalmente blanca, con toques de rojo, será moderna, fresca y alegre. La combinación de rojo y blanco puede animarse añadiendo índigo y amarillo girasol.

Rojo y amarillo

Las formas puras de rojo y amarillo resultan en ocasiones difíciles de armonizar, ya que pueden ser muy dominantes. Sin embargo, constituyen una maravillosa combinación para una cocina provenzal o rústica, o incluso para un cuarto de juegos infantil, cuando logran evocar los colores de las amapolas en un campo de maíz. La combinación de rojo y amarillo también funciona en los tonos más sucios de rojo indio y ocre amarillo. El efecto es especialmente atractivo cuando se combina borgoña profundo con oro pálido, o tomate con oro viejo. La utilización de rojo para las paredes y oro como color secundario, tal vez para adornos y telas, ha sido un tema importante en numerosos interiores.

Rojo y oro

Con sus connotaciones de realeza y majestad, un tema rojo puede resultar suntuoso en compañía del oro. La combinación de rojo y oro gozó de gran popularidad asociada a terciopelos, brocados y tapices tanto en los interiores renacentistas como en el resurgimiento gótico de las épocas victoriana y eduardina. Estos colores «reales» de rojo y oro, junto al morado imperial, creaban al instante una sensación de riqueza y lujo, y con frecuencia exigían gran abundancia de telas con estampados profusos. El resultado es también muy efectista si se combinan con azul profundo, crema y verde oscuro para un estilo imperio o renacentista, y especialmente cuando se acompañan de telas ricas como damascos, *jacquards*, terciopelos, *chenilles* y brocados.

Baños, comedores y dormitorios también pueden recibir un tema decorativo rojo y oro. El elemento dorado podría aparecer en forma de estampado sobre tela; remates o detalles como canutillos o marcos para cuadros y espejos; o muebles. Las habitaciones pequeñas adquirirán un ambiente cálido de gran intimidad. El rojo es a menudo la solución ideal para una habitación fría y pequeña con poca luz, ya que proporciona vigor instantáneo y crea una atmósfera cálida. Los toques de oro suavizarán el rojo.

Esta estancia gótica del St Mary's Training College de Twickenham, Surrey, prueba que un rojo bien escogido puede añadir profundidad y calidez a espacios grandes y abiertos.

Terracota

Este maravilloso color rico y cálido, parecido al ladrillo, puede ser el más atractivo de todos los rojos y el más sencillo de utilizar en decoración, debido a que combina bien con una amplia gama de colores que incluye oro, amarillo, verde botella, azul cobalto y turquesa en tonos que van de claro a oscuro. El terracota es un elemento dominante en la decoración de todo el mundo. Está basado en colores naturales piedra y tierra y en pigmentos de siena tostada, rojo claro y rojo indio, y varía según la zona en que se produce y los minerales existentes, de modo que puede ser más marrón si se añade sombra tostada o siena, o más amarillo si se añade amarillo ocre. En México, se pintan las casas con un terracota terroso profundo, combinado con frecuencia con azul zafiro como contraste. Los antiguos frescos italianos incluyen un terracota dorado rosáceo suave, empleado con oro apagado, verde oliva y blanco en esquemas de color dignos de ser imitados.

En decoración, los colores cálidos, como el rosa yeso y ladrillo, representan tonalidades más sutiles de terracota. El ladrillo puede ser un color muy elegante, tratándose de un terracota más «neutro» para la planta baja y para las habitaciones más masculinas. El bermejo es un tono más rojo y cálido de terracota, efectivo en la cachemira tradicional y las telas de tapizado. El terracota constituye una de las formas más antiguas de cerámica. Una vez desgastado, adquiere un aspecto suave y familiar. Su calidad, carente de brillo, lo ha hecho muy popular en la actualidad para azulejos y superficies de cerámica.

Ciruelas y borgoñas

Los rojos profundos y azulados, como el ciruela, cereza, burdeos y borgoña, poseen un carácter muy distinto, determinado por la cantidad de azul que se añade al rojo y la oscuridad del tono global. Transmiten una sensación de otoño e invierno, de calor de lumbre y atardecer. En la época victoriana fueron muy utilizados para producir una sensación de seguridad y fuerza. El borgoña oscuro, que es el color de las bayas maduras, crea un ambiente reflexivo, muy adecuado para bibliotecas y estudios. Combinado con marino, verde oscuro, arena u oro, resulta excelente para las estancias de la planta inferior.

En la actualidad, estos colores tienden a emplearse en cantidades pequeñas o con colores de contraste que contrarresten la oscuridad: amarillos mostaza, verdes medios y turquesas son buenas opciones. El ciruela polvoriento fue un color popular en el movimiento *Art Déco*, sobre todo combinado con verde guisante, y fue también muy utilizado por William Morris en sus diseños textiles. En los años 70 experimentó un resurgimiento.

Rosa

El rosa es el resultado de la combinación de rojo y blanco, en ocasiones con un poco de amarillo o azul añadido. Varía desde los más pálidos rosas concha, rosas harinosos y rosas yeso (que a veces son casi neutros debido a la palidez de tono), hasta los rosas profundos y oscuros como el fucsia, fresa, rosa ardiente y frambuesa, todos ellos con menos blanco y mucho más rojo. Al contar con mucho blanco, el rosa es un color muy fresco. Es femenino, hermoso y romántico, además del color ideal para estampados florales, ya se trate de las grandes flores de la cretona o de los ramilletes silvestres y apagados de los linos. Los colores reflejan las flores rosas de los jardines, acercando el jardín a la casa. Por este motivo, el verde es el complemento perfecto del rosa en un esquema decorativo, ya que representa el color de las hojas.

En los últimos años, el rosa ha pasado a ser un color más que frecuente en el catálogo del decorador del hogar, en especial para salas y dormitorios, donde se combina con verde, azul, o tal vez amarillo. El rosa y el zafiro forman una maravillosa combinación pastel, con el frambuesa y el azul martín pescador como tonos de contraste. El rosa siempre ha sido un color habitual en estampados florales, como cretonas, linos y algodones rústicos. Sin embargo, en épocas más recientes, se ha abierto paso como color decorativo independiente, en ocasiones combinado con

En esta sala se hace buen uso de rojos suaves y rosas yeso. Mezclado con el blanco como contraste, el rojo se hace menos opresivo. La combinación de rojos, rosas y blancos constituye un tratamiento novedoso, que funciona a la perfección en esta mezcla de telas de Laura Ashley. Esta sala aparece decorada en amarillo y blanco en las páginas 90–97; con ello mostramos la diferencia que la elección del color puede marcar en una habitación.

amarillo polvoriento o azul humo, y traspasado el umbral de escenarios inusuales como cocinas. Las tonalidades de rosa brillante también se emplean como superficies lisas de color mezcladas con blanco, azul batista y verde manzana.

Los rosas apagados son algunos de los colores de ambiente más sencillo. Además, pueden añadir un ambiente cálido a una habitación de aspecto frío. El rosa yeso pálido, que es el color del yeso, es un rosa terroso muy «natural» menos apagado y dulzón que muchos rosas. Se trata de un color muy popular en los años 90, inspirado en el interés por los neutros. En Italia e India, los rosas desgastados como el rosa seca son habituales, con frecuencia aplicados en forma de pátina a las paredes interiores y exteriores.

El rosa ardiente, rosa profundo y fresa son otros excelentes colores decorativos, sobre todo empleados como colores de contraste que aportan profundidad a una estancia pálida. Estos tonos son suaves pero llenos de impacto, alegres, e incluso caprichosos, sin resultar abrumadores como ocurriría con un rojo primario. Suponen también un magnífico contraste en estampados florales multicolor, así como en superficies lisas o tapizadas.

El rosa, en particular el rosa seca, es fabuloso para un dormitorio romántico de una casa estilo rústico, con colgaduras de gasa y tejidos de cretona rosa. Consigue un aspecto viejo y desgastado sobre linos teñidos en té, ideal para una sala relajada a la par que elegante. Los tonos más profundos logran un efecto exuberante y arrebatador, adecuado para esquemas modernos con toques de colores vivos, por ejemplo, en un dormitorio.

PAGINA ANTERIOR *Esta cocina costera se ha pintado en un rosa concha pálido que aporta un ambiente claro y espacioso. Las cortinas están confeccionadas en terliz a rayas y van colgadas con tiras. La nota de excentricidad viene dada por el estampado años 50 de la ventana pequeña. Las sillas son todas diferentes, hecho enfatizado con un tratamiento pictórico individual, aunque tonal.*

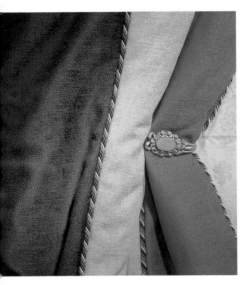

Esta imagen del comedor rojo demuestra su riqueza de contraste: el cálido y profundo rojo rubí de las paredes proporciona un marco para el foco central, la mesa, con su colección de porcelana ribeteada en oro y reluciente cristal. La textura es la clave de este esquema, contrastada con la deslumbrante agudeza de las cornisas, barra de cortina y espejo dorados, y la inmaculada blancura del mantel de damasco.

Un comedor rojo

Este lujoso comedor utiliza rojo indio como el elemento principal del esquema de color. Convierte una habitación funcional en una de carácter fuerte, donde los colores oscuros juegan el papel dominante. Un tratamiento cromático tan marcado resultaría demasiado abrumador en una sala de estar o dormitorio, pero esto no ocurre en un comedor. El rojo es un color ideal para habitaciones especiales que no se usen a diario. Cuando se acompaña de luz de velas, reverberada en el dorado, cristal y paredes, el rojo crea un maravilloso ambiente de intimidad. La arquitectura de esta habitación, con altos techos, se presta a este tipo de estilo elegante y sofisticado; sin embargo, este esquema resultaría igualmente bien en una estancia más pequeña.

La esencia de este esquema decorativo es el color y la textura de las paredes, que han recibido una pátina en dos tonos de rojo. La pátina de colores al agua logra un gran efecto en este contexto, donde se han empleado diferentes tonos de rojo, ya que, a diferencia del acabado mate que proporciona una pintura habitual, las paredes con pátina reflejan la luz.

El dorado de las cornisas constituye otro toque importante, contribuyendo a crear un aspecto rico además de añadir más brillo a la habitación. La mesa ocupa el centro de la estancia y va cubierta por un mantel de damasco blanco que crea un contraste de tono realzado por el mármol de la chimenea y el techo, ambos en crudo.

Otro elemento que anima el esquema y actúa como contrapunto al rojo profundo, debido a sus cualidades para reflejar la luz, es el empleo de espejos y cristal. El espejo grande que corona la chimenea, con su marco dorado, recoge los reflejos de la ventana, al igual que la lámpara y los vasos de la mesa.

Las cortinas de *chenille* logran un ambiente renacentista, en parte por la combinación de colores clásicos como marino, borgoña y oro viejo, y en parte por la anchura de las rayas. Fueron confeccionadas cosiendo tiras de diferentes telas y realzando las costuras con cordoncillo en los tres mismos colores. Se trata de una labor sencilla que aporta un toque personal. Además, las cortinas se forraron con relleno fino para simular el efecto de las colgaduras del renacimiento, época nuevamente evocada en el diseño de bandera de las mismas. Merece la pena destacar que las rayas de las cortinas se cortaron en proporción a la ventana. Estas cortinas aportan peso y énfasis a la ventana, además de contraste a la oscuridad de las paredes. El estor, confeccionado con elegante *jacquard* tejido en oro viejo que permite el paso de la luz, contribuye a avivar el efecto de conjunto.

Las sillas también van tapizadas en un *jacquard* tejido en los mismos colores que los utilizados en las cortinas, aunque con un enfoque muy diferente. Un elegante *jacquard*

PAGINA SIGUIENTE *El estampado tejido es la base de esta combinación, como bien demuestran estas sillas tapizadas en un* jacquard *oro y borgoña y el mantel de damasco. La inversión del tratamiento de la tela de las sillas, empleando un color para el respaldo y otro para la parte posterior y el asiento, con un canutillo que contrasta, atrae la atención al estampado de la tela.*

floral en color oro cubre el respaldo, mientras que los asientos y la parte posterior llevan la misma tela con el estampado en borgoña. Un canutillo azul remata el conjunto. El tratamiento de las sillas refleja los tres colores de las cortinas. Aún cuando las sillas de su comedor no estén tapizadas, es posible copiar esta idea confeccionando fundas y combinando las telas de forma similar. El tema borgoña y oro se retoma en la funda ajustable de la butaca situada junto a la ventana, cubierta con el mismo *jacquard* oro que el respaldo de las sillas y acompañada de un cojín de *chenille*. El resultado es un ambiente profuso, elegante y sofisticado.

Barra dorada

Existen varias técnicas de dorado. Una de ellas es aplicar barniz de oro o cremas de oropel, que pueden adquirirse en varios tonos en botes pequeños. Resulta bastante caro, especialmente si la superficie a dorar, como en este caso, es extensa. La opción más económica es fabricar la pintura con polvo de bronce y barniz de poliuretano. El polvo de bronce se vende en cualquier establecimiento especializado.

necesitará   Papel de lija • Aguarrás o trementina (opcional) • Pintura en emulsión en granate oscuro • Polvo de bronce • Barniz de poliuretano

1 A la hora de dorar una barra de cortina, no sólo debe dorarse la barra, sino todos los demás componentes: bolos y pies de sujección.

2 Lije la barra hasta eliminar todo resto de barniz y limpie la superficie con aguarrás o trementina para neutralizarla. Si utiliza alguna de las nuevas pinturas para muebles del Paso 3, puede omitir esta tarea; la mayoría de las pinturas cubrirán la madera, pero compruebe siempre las indicaciones de la lata de pintura.

3 Pinte la barra con pintura en emulsión, preferentemente en un color granate oscuro. En este caso, mezclamos pintura acrílica carmesí con un poco de pintura acrílica azul Prusia, con el fin de teñir la emulsión base, pero una pintura para muebles de base acuosa y mate en color marrón rojizo cumplirá el mismo propósito.

4 Mezcle una cucharadita de polvo de bronce con barniz de poliuretano y aplique este medio sobre la barra con un pincel tieso, asegurándose de no sobrecargarlo. Intente crear un acabado desigual y moteado, que permita asomar la capa base. Deje secar durante 24 horas y, por último, proteja la barra con una capa de barniz de poliuretano.

IZQUIERDA *Azul profundo, rojo y oro son los principales colores de estos platos y tazas antiguos de inspiración oriental. La cerámica atractiva y colorida puede servir de tema de inspiración para un esquema de color particular, ampliable al resto de la habitación.*

DERECHA *Los elementos de cristal poseen la habilidad especial de reflejar la luz, mientras el arreglo de rosas rojas y anémonas azules del centro de la mesa recoge el tema cromático de la habitación. Los tallos de hiedra añaden un contraste de color e introducen una nota de informalidad.*

ARRIBA *El color desigual y la textura del efecto pictórico de las paredes aportan vida y calor, algo impensable con un color liso uniforme. El secreto reside en aplicar dos o tres capas diluidas de tono similar, que dan una profundidad y densidad de matiz que contrasta maravillosamente con la cornisa dorada.*

DERECHA *La textura juega un papel importante en el modo en que percibimos el color. Aquí, el lustre de la fruta contrasta con la textura más mate de las paredes, mientras el brillo de la caoba armoniza con el del cuenco de porcelana. El azul y blanco del esmalte proporcionan un contraste dramático frente a los tonos profundos del rojo.*

Una cálida luz baña este cuarto
de baño de inspiración colonial,
con una mezcla ecléctica de color
y textura. Las paredes cubiertas
de pátina terracota y estarcidas
en blanco son el rasgo principal,
seguidas de las informales
cortinas a cuadros rojos de la
ventana grande. El mobiliario
antiguo y étnico ocupa el lugar
de los habituales armarios a
medida, dando a este baño un
carácter exótico con un estilo
relajado.

Un cuarto de baño terracota

Este excéntrico cuarto de baño evoca imágenes de India y la época colonial. Las sillas y armarios étnicos y coloniales, con cojines a cuadros y cobertores indios, ocupan este baño, dándole un carácter casual, cómodo y nada convencional. La antigua bañera independiente y la textura y calidez de los viejos suelos de pino aportan a la estancia una calidad familiar, al tiempo que conservan una sensación «británica».

Los toques de blanco alegran el terracota y apagan su intensidad, además de retomar el esmalte blanco de la bañera y el lavabo. El diseño estarcido de las paredes, inspirado en sellos de madera indios, se ha distribuido en rayas anchas, cada una con un modelo diferente. El resultado es un excelente modo de crear un estampado irregular y espontáneo. El techo y el raíl para cuadros blancos contribuyen a definir el diseño. La mezcla de terracota, cúrcuma y otros colores especiados también aporta calidez y vida a la habitación, especialmente al no tratarse de colores perfectamente coordinados, sino de una combinación que logra un ambiente relajado y natural.

La cantidad generosa de algodón a cuadros Madrás de colores vivos en las ventanas, en un rojo más profundo distinto al utilizado en las paredes, resta formalidad al baño, del mismo modo que la ausencia de azulejos y otras superficies duras habituales en los cuartos de baño. La parte exterior de la bañera blanca esmaltada se ha pintado en rojo profundo, mientras que el lavabo blanco liso se ha vestido con una estructura de madera cubierta con un cuadro Madrás amarillo fuerte.

El estilo de este cuarto de baño, donde la función de la estancia recibe una atención mínima, es el ideal para los adultos, aunque no es muy recomendable como baño familiar propenso a numerosas salpicaduras en paredes y suelo. Esta idea funcionaría a la perfección como baño *en suite*, es decir, incluido dentro del espacio de un gran dormitorio, donde los colores aparecieran del revés: blanco como color principal y rojo indio y marrones dorados cálidos como colores secundarios.

Este esquema demuestra cómo un cuarto de baño puede ser más que una habitación meramente funcional, pudiendo lograr esquemas bastante efectistas. Este baño es especialmente adecuado para exponer colecciones de artefactos étnicos traídos de viajes lejanos. Un esquema decorativo como éste resultaría igual de efectivo en una cocina o comedor.

Estera de retales

Es posible confeccionar una sencilla estera trenzada a partir de tiras de retales: algodones, lanas o cualquier otro tejido. Sin embargo, lo mejor es no mezclar distintos tipos de tela en una alfombra. El resultado es también más acertado si se limita la paleta a una gama de tres o cuatro colores, y tonos de estos colores. Parte del encanto de esta estera reside en ver los extremos sin rematar de las tiras de tela. No obstante, si prefiere un acabado más suave y duradero, no hay más que cortar las tiras con un ancho doble al de éstas, doblar los bordes hacia el centro y, por último, doblar las tiras a la mitad. Una herramienta apropiada para remates le facilitará el trabajo.

necesitará   Selección de telas • Hilo fuerte

1 Haga tiras de tela de aproximadamente 4 cm de ancho. Ate tres trozos de tela en un extremo y fije el nudo con un alfiler a una superficie estable. Trence la tela.

2 Cuando llegue al final de una tira, añada una nueva con unas puntadas, superponiendo los extremos. Un método aún más rápido, aunque menos resistente, es enrollar el final de la tira nueva alrededor de la anterior. Continúe trenzando hasta tener varios metros de trenza.

3 Comience ahora a enrollar la trenza, cosiendo por el revés para mantenerla sujeta. Si emplea tiras más anchas y dobladas, entonces lo habitual es atar las tiras adyacentes de forma invisible. Cuando haya enrollado toda la trenza, añada más tiras y tréncelas como antes, de modo que pueda seguir enrollando y cosiendo.

4 Cuando la estera tenga el tamaño deseado, remate las tiras en punta y cosa bien el extremo de la trenza para evitar que se deshilache. Esconda el final bajo la fila anterior y cosa. Remate los hilos y recórtelos, de forma que no quede ninguna hebra visible.

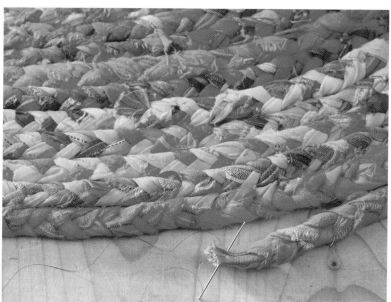

IZQUIERDA *Los ricos colores de la tela de la cortina no requieren más adorno. Unos sencillos alzapaños hechos con una tira de la misma tela sujetan las cortinas, mientras que la mezcla de estampados se retoma en el edredón étnico colocado sobre el respaldo de una silla de colono.*

DERECHA *Un grabado indio enmarcado, el armario étnico y la pequeña caja de madera contribuyen a crear la inspiración de este cuarto de baño colonial. La combinación de pintura a pulso y estarcida, derivada de los diseños de estampación indios, logra una secuencia repetida de tres rayas diferentes sobre las paredes terracota.*

Establecimientos autorizados Laura Ashley

Establecimientos autorizados Laura Ashley

REINO UNIDO

LONDRES

Brent Cross (sólo ropa)
0181 202 2679

Chelsea 0171 823 7550

Covent Garden 0171 240 1997

Ealing 0181 579 5197

Kensington 0171 938 3751

Knightsbridge (sólo ropa)
0171 823 9700

Knightsbridhe (sólo muebles
y artículos del hogar)
0171 235 9797

Marble Arch 0171 355 1363

Oxford Circus 0171 437 9760

CENTRALES

Aberdeen 01224 625787

Aylesbury 01296 84574

Banbury 01295 271295

Barnet 0181 449 9866

Bath 01225 460341

Bedford 01234 211416

Belfast 01232 233313

Beverley 01482 872444

Birmingham 0121 631 2842

Bishops Stortford 01279 655613

Bournemouth (sólo ropa)
01202 293764

Brighton 01273 205304

Bristol, Broadmead
0117 922 1011

Bristol, Clifton 0117 927 7468

Bromley 0181 290 6620

Bury St Edmunds
01284 755658

Cambridge 01223 351378

Canterbury 01227 450961

Cardiff 01222 340808

Carlisle 01228 48810

Chelmsford 01245 359602

Cheltnham 01242 580770

Chester (sólo ropa)
01244 313964

Chester (sólo artículos
del hogar) 01244 316403

Chichester 01243 775255

Colchester 01206 562692

Derby 01332 361642

Dudley 01384 79730

Eastbourne 01323 411955

Edimburgo (sólo ropa)
0131 225 1218

Edimburgo (sólo artículos
del hogar) 0131 225 1121

Epsom 01372 739595

Exeter 01392 53949

Farnham 01252 712812

Gateshead 0191 493 2411

Glasgow 0141 226 5040

Guildford 01483 34152

Harrogate 01423 526799

Heathrow 0181 759 1951

Hereford 01432 272446

High Wycombe 01494 442394

Hitchin 01462 420445

Horsham 01403 259052

Ipswich 01473 216828

Ipswich 01473 721124

Isla de Man 01624 801213

Jersey 01534 608084

Kings Lynn 01553 768881

Kingston 0181 549 0055

Leamington Spa 01926 314584

Leeds 0113 245 0622

Leicester 01162 513165

Lincoln 01522 511611

Llanidloes 01686 412557

Maidstone 01622 750138

Manchester 0161 834 7335

Middlesbrough 01642 226034

Milton Keynes 01908 660190

NewcastleUnder–Lyme
01782 662014

Newport I. O. W. 01983
821806

Northampton (sólo ropa)
01604 231975

Norwich 01603 632958

Nottingham 01159 503366

Oxford 01865 791689

Perth 01738 623141

Peterborough 01733 311766

Plymouth 01752 268344

Preston 01772 202425

Reading 01734 594313

Richmond 0181 940 9556

Salisbury 01722 338383

Sheffield 0114 270 1855

Sheffield Meadowhall
0114 256 8221

Shrewsbury 01743 351467

Skipton 01756 700301

Solihull 0121 704 4344

Southampton 01703 228944

Southport 01704 546214

St Albans 01727 864611

Stockport 0161 474 7927

Stratford–Upon–Avon
01789 298852

Sutton 0181 643 9790

Sutton Coldfield 0121 355 3671

Swindon 01793 641727

Taunton 01823 288202

Tenterden 01580 765188

Torquay 01803 291443

Truro 01872 223019

Tunbridge Wells 01892 534431

Watford 01923 254411

Wilmslow 01625 535331

Winchester 01962 855716

Windsor (sólo ropa)
01753 854345

Windsor (sólo artículos
del hogar) 01753 831456

Worcester 01905 20177

Worthing 01903 205160
Yeovil 01935 79863
York 01904 627707

REPÚBLICA DE IRLANDA
Cork 00 3532 127 4070
Dublín 00 3531 679 5433
CENTRALES
En el área de la central de
    Sainsbury y Garden Centres
Basildon 01268 584088
Basingtoke 01256 469510
Bath 01225 339293
Blackheath 0181 856 9767
Bradford 01274 611929
Branksome 01202 768311
Brentford 0181 847 2214
Camberley 01276 686227
Cardiff 01222 499675
Catford 0181 461 0606
Chelmsford 01245 257257
Chichester 01243 533373
Colchester 01206 869187
Coventry 01203 715901
Crawley 01293 538351
Crayford 01322 559614
Croydon 0181 684 8250
Derby 01332 291260
Enfield 0181 366 2236
Gloucester 01452 526806
Guildford 01483 304115
Harlow 01279 413355
Hatfield 01707 275837
Hendon 0181 200 7737
Hull 01482 572434
Ilford 0181 590 0212
Ipswich 01473 721124
Kensington 0171 603 2285
Kingston 0181 949 7861
Leeds 0113 268 5010
Leicester 0116 254 6075
Luton 0582 593445

Maidstone 01622 715400
Mill Hill 0181 203 7740
Milton Keynes 01908 692727
New Southgate 0181 368 1698
Newcastle–Under–Lyme
    01782 711752
Northampton 01604 234143
Norwich 01603 417474
Nottingham 0115 941 3885
Oldbury 0121 544 7333
Orpington 01689 890353
Oxford 01865 747979
Penge 0181 778 4214
Rayleigh Weir 01268 745374
Reading 01734 584572
Richmond 0181 876 2235
Rochester 01634 200088
Romford 01708 730326
Sheffield 0174 255 5175
Southampton 01703 510098
Stockport 1061 474 7489
Swansea 01792 620935
Swindon 01793 487125
Tunbridge Wells 01892 546646
Wakefield 01924 387011
Walsall 01822 29524
Walsgrave 01203 602086
Waltham Cross 01992 625275
Walthamstow 0181 531 8233
Watford 01923 252075
Willesden 0181 459 3989
Wimbledon 0181 946 9802
Worcester 01905 420401
Worle 01934 512628
York 01904 643911

ESTADOS UNIDOS DE AMÉRICA
Albany 518 452 4998
Ann Arbor 313 747 6620
Ardmore 610 896 0208
Arlington 703 415 2111

Atlanta–Lenox 404 231 0685
Atlanta–Perimeter
    404 395 6027
Austin 512 451 4036
Bal Harbor 305 864 5628
Beachwood 216 831 7621
Birch Run 517 624 9297
Birmingham 205 985 0090
Bluffton 803 837 4339
Boca Raton 407 368 5622
Boston 617 536 0505
Bridgewater 908 725 3700
Buffalo 716 681 8600
Burlington/Boston
    617 272 4540
Burlington/Vermont
    802 658 5006
Carmel–by–the–Sea
    408 624 8095
Central Valley 914 928 4561
Charleston 803 723 3967
Charlotte 704 362 0926
Charlottesville 804 971 7707
Chattanooga 615 855 5496
Chestnut Hill 617 965 7640
Chicago 312 951 8004
Cincinnati 513 793 5535
Columbus 614 224 5057
Corte Madera 415 924 5770
Costa Mesa 714 545 9322
Cranston 401 946 1211
Dallas–Galleria 214 980 9858
Danbury 203 790 5068
Dayton 513 299 9007
Denver–Cherry–Creek
    303 322 9401
Des Moines 515 243 8881
Destin 904 654 9771
Edina 612 920 2811
Fairfax 703 352 7960
Farmington 203 521 8967
Fort Lauderdale 305 563 2300

Fort Worth 817 346 4666
Freeport 207 865 3300
Germantown 901 756 7036
Gilroy 408 848 5470
Glendale 818 242 0428
Grand Rapids 616 942 6828
Greenville 302 575 1653
Greenwich 203 661 5678
Grosse Pointe 313 886 6960
Hackensack 201 488 0130
Hingham 617 740 4122
Honolulu 808 942 5200
Houston 713 871 9669
Houston/West Oaks
    713 558 6113
Indianapolis 317 848 9855
Jacksonville 904 358 7548
Jeffersonville 614 948 2019
Kansas City 816 931 0731
King of Prussia 610 354 9130
Knoxville 615 558 6385
Lake Forest 708 615 1405
Lancaster 717 397 7116
Lexington 606 253 1724
Little Rock 501 666 0272
Los Angeles 310 553 0807
Louisville 502 585 2424
Manhasset 516 365 4634
McLean 703 827 0074
Miami 305 233 8911
Milwaukee 414 347 1930
Minnetonka 612 546 4613
Montgomery 205 284 7011
Myrtle Beach 803 236 4244
Nashville 615 383 0131
New Haven 203 782 9436
New Orleans 504 522 9403
Nueva York/Westside
    212 496 5110
Nueva York/57th Street
    212 752 7300
Newport 401 846 6980

North Bethesda 301 984 3223
Northbrook 708 480 1660
Novi 313 348 9260
Oakbrook 708 572 9195
Oklahoma City 405 848 6252
Omaha 402 390 2085
Orlando 407 351 2785
Osage Beach 314 348 1333
Owings Mills 410 363 2455
Palm Beach 407 832 3188
Palm Beach Gardens
   407 624 5901
Palm Springs 619 322 2099
Palo Alto 415 328 0560
Phoenix 602 956 6043
Pittsburgh 412 367 8881
Pittsburgh 412 621 0735
Pleasanton 510 463 8714
Portland 503 224 0703
Prince William 703 474 3124
Princeton 609 683 4760
Raleigh 919 781 1076
Reading 215 373 5495
Redondo Beach 310 542 4436
Richmond 804 740 1406
Ridgeland 601 957 9063
Rochester 507 287 1073
Sacramento 916 923 5696
Salt Lake City 801 363 8408
San Antonio 512 377 2833
San Diego 619 234 0663
San Diego 619 452 6116
San Francisco 415 788 0190
San Marcos 512 396 5570
Santa Ana 714 834 1211
Santa Barbara 805 682 8878
Santa Clara 408 244 3551
Scarsdale 510 947 5920
Schaumberg 708 619 9110
Seattle 206 343 9637
Secausus 201 863 3066
Short Hills 201 467 5657

Skokie 708 673 6604
Southampton 516 287 2104
Stamford 203 324 1067
Stony Brook 516 689 6622
St Augustine 904 823 9533
St Louis 314 993 4410
Tampa 813 253 2177
Towson 410 825 0362
Troy 810 649 0890
Tulsa 918 749 5001
Walnut Creek 510 947 5920
Washington 202 338 5481
Westport 203 226 7495
Williamsburg 804 229 0353
Williamsburg 319 668 1555
Winston Salem 919 760 3733
Winter Park 407 740 8900
Woodbury 516 367 2810
Woodland Hills 818 346 7560
Worthington 614 433 9011

ARTÍCULOS PREMAMÁ Y PRENATAL

Birmingham 205 987 7566
Chestnut Hill 617 965 5687
Denver–Cherry Creek
   303 322 9403
Farmington–Hartford
   203 561 4870
Hackensach–Riverside
   201 342 1222
Houston 713 622 2262
Kansas City 816 931 2810
King of Prussia 610 354 9137
Princeton 609 683 1300
Redondo Beach 310 542 6228
Schaumberg 708 240 1910
Short Hills 201 467 5657
Stamford 203 359 9902
Tulsa 918 749 5063
Walnut Creek 510 947 3932

ARTÍCULOS DEL HOGAR

Alexandria 703 739 2144
Ardmore 215 896 8293
Atlanta 404 842 0102
Boston 617 357 5151
Burlingame 415 344 1774
Costa Mesa 714 545 7927
Dallas 214 691 6871
Kansas City 816 531 8971
Nueva York 212 735 5000
Ridgewood 201 670 0868
Short Hills 201 564 9600
Washington 202 686 1200

CANADÁ

Willowdale 416 223 9507
Calgary, Alberta 403 269 4090
London, Ontario 519 434 1703
Montreal 514 284 9225
Ottawa 613 238 4882
Quebec 418 659 6660
Sherway Gardens Etobicoke
   416 620 7222
Toronto 416 922 7761
Toronto–Yorkdale
   416 256 2040
Vancouver 604 688 8729
Winnipeg 204 943 3093

EUROPA
ALEMANIA

Augsburg 0821 154021
Berlín (sólo artículos del hogar)
   030 8826201
Berlín (sólo ropa) 030 8824934
Berlín (Kadewe) 030 2183016
Bielefeld 0521 177188
Bonn 0228 654908
Bremen 0421 170443
Cologne 0221 2580470
Dortmund 0231 141009
Düsseldorf 0211 8648732

Essen 0201 200482
Frankfurt 069 288791
Hamburgo 040 371173
Hanover 0511 326919
Heidelberg 06 22 1189851
Karlsruhe 0721 25968
Munich 089 2608224
Münster 0251 42272
Nuremberg 0911 24518
Sttutgart 0711 2261064
Wiesbaden 0611 302086

AUSTRIA

Graz 0316 844398
Innsbruck 0152 579254/579257
Linz 070 797700
Salzburg 0662 840344
Vienna 01 5129312

BÉLGICA

Amberes 03 2343461
Brujas 050 349059
Bruselas (sólo ropa)
   02 5112813
Bruselas (sólo artículos del
   hogar) 02 5120447
Gante 092 240819

ESPAÑA
CENTRAL
Barcelona 341 25490

ESTABLECIMIENTOS
Alicante
El Corte Inglés,
   Avda. Maissonnave 53,
   Alicante

Barcelona
El Corte Inglés Diagonal,
   Avda. Diagonal 617,
   Barcelona

Bilbao
El Corte Inglés,
    Gran Vía 9, Bilbao

Las Palmas de Gran Canaria
El Corte Inglés,
    Avda. José Mesa y López 18,
    Las Palmas de Gran Canaria

León
El Corte Inglés León
    Fray Luis de León, 21
    León

Madrid
El Corte Inglés Preciados,
    Preciados 3, Madrid
El Corte Inglés Goya,
    Goya76/Felipe II 7, Madrid
El Corte Inglés San José
    Valderas (Alarcón) Madrid
El Corte Inglés Castellana,
    R. Fdez. Villaverde 79,
    Madrid

Málaga
El Corte Inglés Málaga,
    Avda. Andalucía 46, Málaga

Murcia
El Corte Inglés Murcia,
    Avda. Libertad s/n, Murcia

Sabadell
Centros Hipercor,
    Francesc Maciá 60, Sabadell,
    Barcelona

Sevilla
El Corte Inglés Sevilla,
    Pza. del Duque 10, Sevilla
El Corte Inglés Nervión,
    Luis Montoro 122, Sevilla

Tenerife
El Corte Inglés
    Sabino Betherlot 4, Tenerife

Valencia
El Corte Inglés, Valencia,
    Pintor Sorolla 26, Valencia
El Corte Inglés Nuevo Centro,
    Avda. Menéndez Pidal 1,
    Valencia

Valladolid
El Corte Inglés Valladolid,
    Paseo de Zorrilla 130–132,
    Valladolid

Vigo
El Corte Inglés Vigo,
    Gran Vía 25, Vigo,
    Pontevedra

Zaragoza
El Corte Inglés Zaragoza,
    Paseo Sagasta 3, Zaragoza

FRANCIA
París
94 rue de Rennes 1 45 48 43 89
95 rue de Raymond Poincaré
    1 45 01 24 73
261 rue Saint Honoré
    1 42 86 84 13
Galeries Lafayette, 40 bld
    Haussmann
    Segundo piso (sólo ropa)
    1 42 82 34 56
    Quinto piso (sólo artículos
    del hogar) 1 42 82 04 11
Au Printemps, 64 bld
    Haussman
    Segundo piso (sólo ropa)
    1 42 82 52 10

Séptimo piso (sólo artículos
    del hogar) 1 42 82 44 20
Au Printemps, Centro
    Comercial Vélizy Avenue
    de l'Europe, Vélizy,
    Villacoublay Niveau 2
    (ropa y artículos del hogar)
    1 30 70 87 66
Au Printemps, Centro
    Comercial Parly 2 Avenue
    Charles de Gaulle,
    Le Chesnay Niveau 1
    (sólo artículos del hogar)
    1 39 54 22 44
    Niveau 2 (sólo ropa)
    1 39 54 22 44
Aix–en–Provence 42 27 31 92
Bordeaux 56 44 10 30
Clemont–Ferrand 73 31 22 05
Dijon 80 30 04 44
Estrasburgo 88 75 18 90
Lille 20 06 90 06
Lyon 78 37 18 19
Montpelier 67 60 75 75
Nancy 83 35 21 09
Nantes 40 73 17 18
Nice 93 16 06 93
Rouen 35 70 20 02
Toulon 94 21 89 58
Toulouse 61 21 38 85

ITALIA
Milán 2 86463532

LUXEMBURGO
Luxemburgo 221 320

PAÍSES BAJOS
Amsterdam 020 6228087
Arnhem
    085 430250 (026 4430250)
Eindhoven 040 (2)435022
Groningen 050 (3)185060

La Haya 070 3600540
Maastricht 043 (3)250972
Rotterdam 010 4148 535
Utrecht 030(2)313051

SUIZA
Basel 061 2619757
Berna 031 3120696
Ginebra (sólo ropa)
    22 33113494
Ginebra (sólo artículos del
    hogar) 22 33103048
Zurich 01 2211394

**Distribuidores
autorizados
Laura Ashley**

Distribuidores

TELAS
The Blue Door
77 Church Road
Londres SW13 9HH
0181 748 9785

Colfax and Fowler
118 Garratt Lane
Londres SW18 4DJ
0181 874 6484
Telas de chintz

The Conran Shop
Michelin House
81 Fulham Road
Londres SW3 6 RB
0171 589 7401
Telas

George Weil
Exposición
18 Hanson Street
Londres W1P 7DB
0171 580 3763

Venta por correo
Reading Arch Road
Redhill
Surrey RH1 1H6
Tintes, pinturas para telas y telas

Hess and Co
7 Warple Mews
Warple Way
Londres W3 0RS
0181 746 1366
Forros y rellenos

John Lewis Partnership plc
Oxford Street
Londres W1Z 1EX
0171 629 7711
Excelente departamento de mercería

Ian Mankin
109 Regent's Park Road
Londres NW1 8UR
0171 722 0997
Telas

Just Fabrics
Burford Antique Centre
Cheltenham Road
Burford
Oxfordshire OX8 4JA
01993 823391
Cretonas lisas y otras telas

Liberty
210–220 Regent Street
Londres W1R 6AH
0171 734 1234
Telas de algodón, seda y lino lisas y estampadas

The Natural Fabric Company
Wessex Place 127 High Street
Hungerford
Berkshire RG17 0DL
01468 684002

VV Rouleaux
10 Symons Street
Sloane Square
Londres SW3 2TJ
0171 730 3125
Excelente selección de lazos, trenzas, cordoncillos, borlas y otros remates

Sanderson
112–120 Brompton Road
Londres SW3 1JJ
0171 584 3344
Telas, diseños William Morris, muebles

PINTURA
Y PAPEL PINTADO
J. W. Bollom
13 Theobald'd Road

Londres WC1X 8FN
0171 242 0313
Pintura en gereral
314 Old Brompton Road
Londres SW5 9J (Exposición)

C. Brewer
327 Putney Bridge Road
Londres SW15 2PG
0181 788 9335
Pintura en general

Brodie and Middleton Ltd
68 Drury Lane
Londres WC2B 5 SP
0171 836 3289
Pigmentos y pinturas

Cornelissen and Son Ltd
105 Great Russell Street
Londres WC1B 3RY
0171 636 1045
Pigmentos y brochas

Craig & Rose plc
172 Leith Walk
Edimburgo EH6 5 ER
0131 554 1131
Esmaltes, pinceles y brochas

Daler–Rowney Ltd
PO Box 10
Southern Industrial Estate
Bracknell
Berkshire RG12 8ST
01344 424621
Artículos de artista

The English Stamp Company
Sunnydown
Worth Matravers
Dorset BH19 3JP
01929 439117
Farrow & Ball
Uddens Trading Estate
Wimbourne
Dorset BH21 7NL

01202 876141
*Fondo Nacional de pinturas
históricas*

Foxell & James Ltd
57 Farringdon Road
Londres EC1M 3 JH
0171 405 0152
*Barnices, pinturas, acabados para
suelos, cola de piel de conejo,
blanqueadores y dorados*

Green & Stone
259 Kings Road
Londres SW3 5EL
0171 352 0837
Artículos de artista

W. Habberley Meadows Ltd
5 Saxon Way
Chelmsley Wood
Birmingham B37 5AY
0121 770 2905
Pinturas, cepillos y brochas

J. T. Keep & Co.
13 Theobalds Road
Londres WC1X 8SN
0171 242 7578
Artículos de decoración

*Lyn Le Grice Stencil Design Ltd
The Stencil House*
53 Chapel Street
Penzanze
Cornwall TR18 4AS
01736 64193
Material para estarcido

John Myland
80 Norwood High Street
Londres SE27 9NW
0181 670 9161
*Artículos y pinceles de artista
Paint Magic*
116 Sheen Road
Richmond
Surrey TW9 1UR

0181 940 5503
*Artículos para efectos pictóricos,
veteado, cuarteado y estarcido*

The Paint Service Co. Ltd
19 Eccleston Street
Londres SW1W 9LX
0171 730 6408

Papers and Paints
4 Park Walk
Londres SW10 0AD
0171 352 8626

Pavilion Stencils
6a Howe Street
Edimburgo EH3 6TD
0131 225 3590
Artículos para estarcido

E. Ploton Ltd
273 Archway Road
Londres N6 5AA
0181 348 0315
Metales en polvo, dorado

Potmolen Paint
27 Woodstock Industrial Estate
Warminster
Wiltshire BA12 9 DX
01985 213960
Pinturas para edificios antiguos

J. H. Ratcliffe & Co. (Paints) Ltd
135a Linaker Street
Southport PR8 5DF
01704 537999

The Shaker Shop
25 Harcourt Street
Londres W1H 1DT
0171 724 7672
*Pinturas estilo shaker
Stuart R. Stevenson*
68 Clerkenwell Road
Londres EC1M 5QA
0171 253 1693

ESTADOS UNIDOS

TELAS
ABC Carpet & Home
888 Broadway
Nueva York
NY 10003
212 473 3000

André Bon
979 Third Avenue
Nueva York
NY 10022
212 355 4012

Clarence House
979 Third Avenue
Nueva York
NY 10022
212 753 2890

Liberty of London
108 West 39th Street
Nueva York
NY 10018
212 391 2150

Pierre Deux Fabrics
870 Madison Avenue
Nueva York
NY 10021
212 570 9343

Scalamandre
950 Third Avenue
Nueva York
NY 10022
212 570 3888

J Schumacher & Company
79 Madison Avenue
Nueva York
NY 1E0016
212 213 7900
Standard Trimming Co.
306 East 62nd Street
Nueva York
NY 10021
212 355 4012

PINTURA Y PAPEL
PINTADO
Decorating Centers
1555 Third Avenue
Nueva York
NY 10028
212 289 630

2475 Broadway
Nueva York
NY 10025
212 769 1440

Sam Flax
12 West 20th Street
Nueva York
NY 10011
212 620 3038
425 Park Avenue
Nueva York
NY 10022
212 620 3060

Liberty Paint Co.
969 Columbia Street
Hudson
NY 12534
518 828 4060

Pearl Paint Co.
308 Canal Street
Nueva York
NY 10013
212 431 7932

Wolf Paint and Paper
Janovic Plaza
771 Ninth Avenue
NY 10019
212 245 3241

Janovic Plaza
1150 Third Avenue
Nueva York
NY 10022
212 772 1400

Agradecimientos

Agradecimientos

Los editores desean agradecer a las siguientes personas su colaboración en la producción de este libro: Mari Batten por su consejo y apoyo; Jemima Syson por su colaboración editorial y de estilo; Chris Churchley por su ayuda; Petra Boase por diseñar el mantel de apliqué (páginas 156–157) y la alfombra de retales trenzada (páginas 196–197); Clement Barbic por decorar el comedor rojo (páginas 182–191) y el cuarto de baño terracota (192–199); Derek Sutton por su ayuda en la decoración de las otras habitaciones.

Joss Graham Oriental Textiles
10 Eccleston Street
Londres SW1W 9LT
0171 730 4370

HRW Antiques
4a Kings Avenue
Londres SW$
0171 978 1026

Graham and Green
4, 7 & 10 Elgin Crescent
Londres W11 2 JA
0171 727 4594

Perez Antique Carpets Gallery
150 Wandworth Bridge Road
Londres SW6 2LH
0171 589 2199

David Wainwright
251 Portobello Road
Londres W11
0171 792 1988

The Dining Room Shop
62–4 White Hart Lane
Londres SW13
0181 878 1020

Ian Mankin
109 Regents Park Road
Londres NW1 8UR
0171 722 0997

Homeline
33 Parkway
Londres NW1
0171 485 0744

Harwood Antiques
24 Lower Richmond Road
Londres SW15 1JP
0181 788 7444

Gallery of Antique Costumes and Textiles
2 Church Street
Londres NW8
0171 723 9981

Thomas Goode
19 South Audley Street
Londres W1Y 6BN
0171 499 2823

The Barnes Gallery
51 Church Road
Londres SW13 9HH
0181 741 1277

Tulissio de Beaumont
Decorative Antiques
277 Lillie Road
Londres SW6 7PN
0171 385 0156

Farrow and Ball Paint Suppliers
Uddens Trading State
Wimborne
Dorset
BH21 7NL
01202 876141

Los editores desean agradecer a las situientes compañías su amable colaboración al conceder su permiso para reproducir fotografías en este libro:
8–9 The Laura Ashley Archive; 10 arriba izquierda Richard Bryant\Arcaid; 10 arriba derecha Jacqui Hurst; 10 centro izquierda The Laura Ashley Archive; 10 abajo izquierda Simon Upton/Robert Harding Picture Library; 10 abajo derecha Anne Hyde; 11 arriba izquierda Anne Hyde; 11 arriba derecha Anne Hyde; 11 centro izquierda Rupert Horrox; 11 abajo izquierda Andrew Payne/Belle/Arcaid; 11 abajo derecha Anne Hyde; 13 The Laura Ashley Archive; 15 Anne Hyde; 17 Richard Waite/Arcaid. diseño Louise Cotier; 18 Simon Brown/Robert Harding Picture Library; 19 Andreas von Einsiedel/Robert Harding Picture Library; 23 The Laura Ashley Archive; 24 Geoff Lung/Belle/Arcaid, por amable permiso de The Mount Vernon Ladies' Association of the Union; 40 National Trust Photographic Library/Bill Batten; 41 The Laura Ashley Archive; 42 Richard Bryant/Arcaid; 50 arriba izquierda Jacqui Hurst; 50 arriba derecha Rupert Horrox; 50 centro izquierda Jacqui Hurst; 50 centro derecha Jacqui Hurst; 50 abajo izquierda Rupet Horrox; 50 abajo derecha Anne Hyde; 51 arriba derecha Lucinda Lambton/Arcaid; 51 centro izquierda Anne Hyde; 51 abajo izquierda Rupert Horrox; 52 National Trust Photographic Library/Rupert Truman; 55 Richard Bryant/Arcaid; 56 The Laura Ashley Archive; 59 Jan Baldwin/Robert Harding Picture Library; 61 The Laura Ashley Archive; 80 arriba derecha Anne Hyde; 80 centro izquierda Lucinda Lambton/Arcaid; 80 centro derecha National Trust Photographic Library/Andreas von Einisiedel; 80 abajo izquierda Jacqui Hurst; 80 abajo derecha Jacqui Hurst; 81 arriba derecha Richard Bryant/Arcaid; 81 centro izquierda Anne Hyde; 81 abajo izquierda Polly Wrefork/Robert Harding Picture Library; 81 abajo derecha Anne Hyde; 83 Richard Bryant/Arcaid; 85 Fritz von der Schulenburg/Robert Harding Picture Library; 86 Andreas von Einiedel/Robert Harding Picture Library; 87 Andreas von Einsiedel/Robert Harding Picture Library; 88 The Laura Ashley Archive; 108 arriba izquierda Anne Hyde; arriba derecha Jacqui Hurst; 108 centro izquierda The Laura Ashley Archive; 108 centro derecha The Laura Ashley Archive; 108 abajo izquierda National Trust Photographic Library/Nick Meers; 108 abajo derecha David Fowler/Arcaid; 109 arriba derecha National Trust Photographic Library/Andreas von Einsiedel; 109 centro izquierda Simon Page–Ritchie/Robert Harding Picture Library; 109 abajo izquierda Mark Fiennes/Arcaid; 109 abajo derecha Anne Hyde; 113 The Laura Ashley Archive; 114 Richard Bryant/Arcaid; 116 National Trust Photographic Library/Andreas von Einsiedel; 138 arriba izquierda Anne Hyde; 138 arriba derecha Robert O'Dea/Arcaid; 138 abajo izquierda Jacqui Hurst; 138 abajo derecha Anne Hyde; 138 centro izquierda Lucinda Lambton/Arcaid; 138 centro derecha Robert Harding Picture Library; 139 arriba izquierda Anne Hyde; 139 centro izquierda Christopher Drake/Robert Harding Picture Library; 139 abajo izquierda Anne Hyde; 139 abajo izquierda Jacqui Hurst; 143 Jacqui Hurst; 145 The Laura Ashley Archive; 147 The Laura Ashley Archive; 149 Annet Held/Arcaid; 151 Farrell Grehan/Arcaid; 172 arriba izquierda Trevor Wood/Robert Harding Picture Library; 172 centro derecha Christopher Drake/Robert Harding Picture Library; 172 abajo derecha Walter Rawlings/Robert Harding Picture Library; 173 arriba izquierda 173 arriba derecha Debbie Patterson/Robert Harding Picture Library; 173 centro izquierda Jan Baldwin/Robert Harding Picture Library; 173 abajo izquierda Jacqui Hurst; 173 abajo derecha Christopher Drake/Robert Harding Picture Library; 175 Richard Bryant/Arcaid; 177 Richard Waite/Arcaid, diseño Louise Cotier; 179 David Churchill/Arcaid; 181 The Laura Ashley Archive.

Índice